Jean-Louis Froment

Dictionnaire *amoureux* de Gabrielle Chanel

PLON
www.plon.fr

Collection créée par Jean-Claude Simoën
et
dirigée par Grégory Berthier-Saudrais

Les références des extraits cités dans l'ouvrage figurent en fin de volume.

92, avenue de France
75013 Paris
Tél. : 01 45 87 50 01
www.plon.fr
www.lisez.com

Mise en pages : Nord Compo
Dépôt légal : octobre 2025
ISBN : 978-2-259-32288-1

#lisez ! engagé
www.lisez.com
Pour plus d'information :
Imprimé sur du papier issu de forêts gérées durablement.

AVANT-PROPOS

Je les ai rencontrées dans les pages buvardées des magazines de mode de mon enfance, un peu effacées par une encre instable, appliquées par des rotatives d'imprimerie fatiguées.

Leurs mouvements étaient photographiquement immobilisés, arrêtés sur l'instant par l'autorité d'un photographe qui leur avait certainement dit :

« Prenez la pose ! »

Je les appelais « *mes Égyptiennes* ».

Fasciné par l'étrangeté de leurs vêtements, j'associais ces femmes venant d'une autre planète à une certaine idée de la beauté féminine.

Avec elles, je contournais les paysages de mon enfance.

Elles étaient de *l'autre côté*.

Certainement saisi par un sentiment que je pourrais aujourd'hui identifier d'*artistique*, sans que j'en comprenne vraiment le sens à cette époque, je commençais à construire un monde d'irréalité où ces images de mode dessinaient des panoramas artificiels qui s'opposaient à mon lieu de vie et aux femmes qui m'entouraient.

Grâce à mes ciseaux d'écolier, je commençais alors une activité quasi studieuse qui venait compléter mes jeux et offrait à mes soldats en plastique de belles partenaires.

Les images qui avaient en commun des vêtements semblables, je les associais pour constituer ce que j'appelais *une équipe*.

Chaque semaine je feuilletais ces magazines, ces *hebdomadaires*, à la recherche de nouvelles victimes de mes découpages.

J'attendais de découvrir le numéro « spécial collection » de la fin du mois d'août et du début du mois de mars, dont l'épaisseur des pages laissait espérer un surnombre d'*Égyptiennes* qui allaient sérieusement augmenter les effectifs de mes *équipes*.

Mais un événement majeur précédait d'une semaine la parution de ces numéros « spécial collection » saisonniers.

Les journaux phares qui étaient mes espaces de recrutement les plus importants célébraient la prestigieuse maison de couture CHANEL qui offrait dans leurs pages en avant-première ses modèles vedettes.

Ce décalage de parution m'intriguait.

Fallait-il donc qu'il se passe quelque chose d'exceptionnel dans cette maison pour qu'elle soit écartée des autres et soit ainsi remarquée par un effet spécial de calendrier.
En conséquence, moi aussi, je célébrais l'événement et j'offrais à mes *Égyptiennes chanéliennes* le statut particulier d'*équipe favorite*...

Contrairement aux autres images découpées, dont leur repérage me donnait des difficultés d'identification d'une saison à l'autre tant elles étaient traversées par les mêmes mouvements de mode, les costumes de mon *équipe favorite* distanciaient cette actualité.

À chaque parution les images des collections CHANEL bougeaient très peu.

Les vêtements étaient à peine transformés : un bouton, la couleur d'un liseré, la matière d'une doublure, l'épaisseur d'un tissu, des choses délicates presque invisibles, qui s'appuyaient sur une architecture qui restait presque toujours la même.

Je regardais attentivement ces nuances et me réjouissais que rien ne se transforme, que tout s'approfondisse comme dans un livre d'histoires.

C'est alors que j'entreprenais une activité complémentaire à mes découpages.

Je devenais archéologue.

Je m'appliquais à noter, à répertorier et à classer toutes ces variations.
J'établissais dans un cahier le registre d'un vocabulaire esthétique de la couture qui offrait aux costumes de mon *équipe favorite* une existence pérenne.

Petit à petit je découvrais un style.

Parfois surgissait une fulgurance : la création d'un nouveau vêtement qui déstabilisait le rigoureux vestiaire de mon *équipe favorite* et m'obligeait à réorganiser son classement.

Un jour, je l'ai rencontrée au détour d'une photographie.

Une femme.

De profil, comme mes *Égyptiennes*, coiffée d'un petit chapeau de caporal, son visage surmontait un corps mince, noir intense, décoré d'un désordre de perles blanches ; une cigarette aux lèvres comme radar du monde.

Un exercice de style.

Ce portrait de femme incarnait si bien l'idée de commandement que je n'étais pas étonné qu'elle soit l'artisane de l'élégance sévère des costumes de mon *équipe favorite*.

C'était donc elle l'inventeur de ce langage dont je recopiais régulièrement le vocabulaire et qui donnait un supplément de sens à mes jeux.
C'était donc elle qui inscrivait les signes de son histoire qui, sans que nous en ayons connaissance, donnaient aux vêtements de mon *équipe favorite* un supplément d'âme.

Une différence.

Je sentais tout cela ; mais je ne savais pas.

J'ai grandi, et j'ai voulu tout savoir sur elle : les arbres, les mers, les rivières, les champs, les montagnes, les villes, les maisons, les musiques, les tableaux, les animaux, les livres…

Les mots.

A

ABANDONNÉE

1

Ce n'est pas le printemps.

Au printemps on n'abandonne rien ; on découvre ce que l'on a imaginé tout l'hiver.

Ici le paysage est mouillé.

Il reste mouillé six mois dans l'année et les feuilles des arbustes chavirent d'une luisance argentée à cette pourriture rougeâtre qui gonfle le sol et nourrit une mousse étoilée que l'on aime tant déraciner dans un bruit de velours caressé.

Le climat est océanique, dit-on.

Les rivières descendent rapidement vers l'ouest.

L'océan.

Les jours où le ciel ne se penche pas trop bas, l'air éclairci par le froid rapproche les collines et parfois les montagnes plus lointaines ; le nord-est.

Les montagnes.

Le sud est une illusion qui sent le tabac et le maïs ; la vigne un peu.

La mer.

Est-ce la lumière du matin qui ne parvient pas à frapper l'aile du bâtiment de l'abbaye Saint-Étienne d'Obazine qui donne accès à l'orphelinat, ou l'opacité du regard qui aplatit tous les reliefs d'un monde devenu soudain monochrome ?

Rien ne se laisse voir normalement ; tout se devine.

Les yeux étouffés, les mots absents.
Ils s'approchent.

La porte d'entrée se confond avec le mur de pierre.
Ici cette pierre on l'appelle le brasier ; elle est ocre légèrement rouge, fragile à la pluie comme la braise.

Et puis des voix se mêlent sans vraiment se répondre.
Quelqu'un se détache du mur.

Une femme.
Noir et blanc.
Noir souple, sans être vraiment un voile.
Blanc sec et luisant.
Une croix sur la poitrine.
Une chaîne autour de la taille.

Une architecture.

Elle, l'enfant, elle sait déjà.

De l'autre côté le paysage change.

Ce n'est pas le printemps, mais les formes généreuses des légumes d'hiver qui ont poussé en surface de la terre au pied des ronciers ponctuent d'un air festif les quatre parcelles du jardin.

Un puits est au centre surmonté d'une croix.

Il fait froid.

C'est à ce moment-là que l'on sent le froid, quand le soleil se lève derrière des murs construits pour empêcher qu'il ne touche les subtiles couleurs du jardin.

De l'autre côté.

Plus près des montagnes.

Les marches de l'escalier sont en pierres usées au centre.

La rampe, dont l'appui est un peu large pour la main d'une petite fille de douze ans, est en bois de noyer, foncé, lisse.
Un arbre d'ici.
La rampe circule sur le mur de l'escalier.

Une ligne.

Sa main déjà dessaisie de la chaleur d'une autre s'empare durement de la rampe, suit la ligne, monte, se hisse et ne la quittera jamais.

Les montagnes fléchissent à hauteur de la forêt.

2

La porte se referme.

Il ne verra pas le jardin s'ouvrir sur le visage de ses filles, serré comme un coup de poing.

Il conduit une charrette tirée par un cheval.

Il ne se retourne pas.

Il traverse l'unique rue boueuse du hameau.

C'est une image de film.

Sa tête est claire et sa pensée précise.

Ici on n'a jamais de regrets.

Il n'y a pas de passé.

Il n'a pas eu d'enfants mais trois petites filles à côté de sa vie, entre deux chemins qui pouvaient ressembler à des voyages.

Mais son voyage le plus lointain ne sera pas celui de ses remords.

La porte se referme, le jardin s'ouvre et le père devient monumental.

Immédiatement.

Il n'y a pas le temps du deuil, puisque cet état de l'imaginaire de l'amour qui durera toute la vie épuisera une galerie de portraits sublimés.

Il n'y a pas le temps d'espérer un retour, puisqu'il n'y a jamais eu d'arrivée.

Il n'y a pas le temps d'attendre, puisque le père se construit chaque jour, à peine le même, toujours ajusté au présent.

À tous les présents.

Il s'est enrichi en Amérique, marchand de chevaux, négociant en vin, riche propriétaire terrien.

Ses costumes anglais sont impeccables et ses chemises raffinées sont mieux glacées que les parements immaculés des religieuses. Une chaîne relie son gilet à la poche de son pantalon qui protège une montre de marque.

Il n'a pas encore de camélia à la boutonnière de son veston.

L'absence fait son travail.

Magique.

E

ÉCLAIRÉE

1

Les quatre étoiles soutiennent le soleil et la lune.

Le blason d'Obazine.

Un socle.

Stellaire, c'est une galaxie qui s'élève, délimite un espace, en masque un autre ; un dedans et un dehors.

Dedans, c'est un sol en pisé confectionné de petites pierres du pays enfoncées très serré dans une pâte argileuse.

L'ombre portée d'un ciel rêvé.

Dès les dernières marches du couloir, à l'intersection du palier et de l'escalier qui conduit à l'étage au dortoir des filles, sur le sol à hauteur de regard, on distingue bien les changements de rythmes des pierres et le dessin des motifs : les tonalités irrégulièrement ocre de ce pavage animé par la lumière du jour.

Les pierres ajustées au sol reprennent les symboles du blason du village.

Ainsi, les étoiles à cinq branches, la lune au visage féminin, le soleil au visage masculin, une figure florale à quatre pétales ou quatre feuilles inscrivent sur le sol au centre d'un transept imaginaire, dont l'architecture spirituelle a le secret, une convocation céleste.

Dehors, c'est un autre monde.

Plus tard, c'est l'automne à Paris.

La lumière a des couleurs d'agate brune, une peu topaze.

Il y a des soirs d'améthystes.

Dans l'appartement du 31, rue Cambon à Paris, elle pétrit une pâte de cire transformée en tablette dans laquelle elle enfonce de son index et parfois de son pouce des pierres précieuses ou pas, placées dans des bols devant elle.

Le geste est artisanal.
Le geste est enfantin.

Le choix de pierres et celui des couleurs sont les souvenirs de tableaux de maîtres anciens découverts dans sa bibliothèque ou de voyages en Italie.
Rien n'est prévu à l'avance, même pas le désir de jouer au jeu des pierres précieuses, comme à un jeu de tarot.

Maintenant l'hiver est en avance d'un mois.

Silencieux.

Le givre est diamanté.

Ce soir, elle enchâsse des diamants dans les astres détachés de l'argile primitive du pisé d'Obazine ; étoiles, lune, soleil, une Voie lactée sur le corps des femmes.

Comètes, constellations seront les mots de la vitesse de leur beauté.

Paris est scintillant.

Au 29 de la rue du Faubourg-Saint-Honoré, elle invite Robert Bresson à photographier l'exposition de sa collection de bijoux de diamants, qu'elle présente dans le luxe de son hôtel particulier (1932).

Une exposition.

Elle dit :
« Des étoiles ! Des étoiles de toutes les dimensions pour étinceler dans les chevelures... »
Gabrielle Chanel

Robert Bresson enveloppe les photographies qui lui ont été commandées de la brume beige argentée d'Obazine.

Un peu de la couleur de l'haleine de l'*Âne Balthasar*.

Les bijoux sont immédiatement écartés d'une quelconque idée de parure évidente et les rendra plus spirituellement inaccessibles.

Les cadrages sont aigus.

Il appuie les bijoux de diamants sur les détails de corps féminins : miroitement, rutilance, scintillement, irisation.
C'est le spectacle ambigu d'une classe sociale pactisant avec les démons du luxe.

Ce sont des satellites qui gravitent dans un espace au-delà du salon où ils sont exposés : dans la force céleste à laquelle elle croit depuis son enfance, à l'intérieur de laquelle elle poursuit son voyage.

Les astres sont en mouvement à Paris ce jour-là.

C'est l'été à Obazine ; en voix off.

Les planètes sont à nouveau alignées.

2

Elle est là, invisible, protectrice du visible.

La belle étoile.

Elle est cette accompagnatrice secrète entre la vie et les désirs que l'on a de sa vie.

Son ami étoilé, son frère, Jean Cocteau, à la mort de Raymond Radiguet (1923), accompagne d'une étoile sa signature comme d'un guide vers l'invisible.
L'oiseleur connaissait le mystère des liens avec l'imperceptible.

Ensemble, ils franchiront tous les miroirs.

Elle aussi est accompagnée par son étoile depuis longtemps.

C'est elle qui l'a décidé.

Parfois l'astre se laisse entrevoir, se laisse saisir mais jamais sans se faire comprendre complètement au risque de s'effacer.

Obazine est une planète attelée aux quatre étoiles de son blason qui voyagent dans la galaxie de la voûte céleste avec des milliards de planètes en partage.

Comètes.

Météores.

Plus tard, les souvenirs de quelques-uns de ces astres se sont accrochés au cou, aux poignets, aux cheveux des femmes rejoignant ainsi le portrait de l'impératrice Élisabeth d'Autriche par

Franz Xaver Winterhalter à la chevelure auburn parsemée de vingt-sept étoiles de diamants et de perles.

D'autres ont glissé sur la robe de tulle, bleu des nuits corréziennes, d'Alma Jodorowsky le temps d'une photographie.

La belle étoile.

Elle la cherche en regardant par le vasistas de la mansarde du dortoir du pensionnat de Moulins où elle séjournera après Obazine.

L'étoile qui ressemblerait à son destin.

La colonne de la fontaine de Saincy, place de l'Allier à Moulins, est surmontée d'une étoile à cinq branches, qui sertit l'espace comme le tracé d'un vitrail évidé de la couleur de son verre.
La ville du régiment des premiers dragons de France est ainsi placée sous la protection de l'astre.
Cinq étoiles animent le galon de ses généraux.

Les livres s'alignent dans sa bibliothèque.
Certains sont marqués d'un fer étoilé sur le dos et puis celui-ci, comme une révélation :

Il écrit :
« C'est dans ce carré de ciel plus clair qu'on allumera les étoiles pour le feu d'artifice. »
Pierre Reverdy

Celle-ci, c'est l'étoile de l'amour.

Fixe.

C'est l'étoile de la confidence des mots et des corps et des jours sombres de l'enfance.

Ils avaient ensemble le même bagage, chacun pouvant se saisir sans contrainte du contenu de l'autre : l'abandon, l'abbaye, et la musique des mots liturgiques comme apprentissage de la poésie.

Pierre Reverdy.

3

Le ciel est bas.

La mousse d'hiver qui pousse aux abords du ruisseau conserve ses cristaux étoilés toute l'après-midi.

Ce sont les étoiles vivantes de la terre.

Elle se transforme en lichen entre les pierres souvent entaillées dans des roches de granit où coule à toute vitesse une eau glacée, agitée.

Une eau de comètes.

Malgré son allure de torrent, c'est un canal d'irrigation large de deux ou trois mains qui longe le flanc de la vallée pour alimenter en eau l'abbaye en contrebas.
Un chemin étroit, accessible aux promeneurs, souvent entravé de branches pliées sous le poids de l'humidité, le côtoie.

Dans un parfum de sous-bois, la transparence est trompeuse sur sa profondeur, la vivacité de l'eau en provenance de sources montagneuses inconnues ajoute à son mystère, comme son acuité à franchir les accidents de son territoire.
Tout cela captive les filles au cours de leurs promenades dominicales au bord de ce qu'on appelle le Canal des Moines.

Ce n'est pas une eau dans laquelle on vient égarer ses jeunes souvenirs ou noyer les images gênantes de la semaine comme à confesse.

Chaque bâton lancé, au jeu de la compétition lacustre qui se répète entre elles fréquemment les dimanches après-midi, emporte avec lui une histoire secrète qui s'agrippe aux berges du futur.

Elles ressentent quelque chose de vital, dans ce flux qui dévale à toute vitesse cette pente, qui contourne les obstacles dans l'excitation de cette course à rejoindre quelque chose, quelqu'un peut-être, dans cet élan à ne jamais regarder derrière elles.

ÉLOIGNÉE

1

Dans cette forêt de hêtres, de chênes, de charmes, on aperçoit rarement le ciel.

On l'imagine.

La lumière est ludique, baladeuse, souvent cinglante à travers le feuillage encore fragile.

La hauteur et la densité des arbres construisent un autre monde qui perfore le monde réel.

Parfois quelques refuges aux architectures prestigieuses ponctuent cette immense vague de nature.

Le sol sablonneux sonne mat.

Des ruisseaux, un étang réfléchissent l'écho de voix féminines impériales.

Des rires.

Il fait doux ce printemps dans la forêt de Compiègne et les poils humides des chevaux renvoient cette odeur sensuelle de foin coupé qu'elle aime depuis son enfance.

La couverture en tissu matelassé enroulé sur la selle n'était peut-être pas nécessaire ce jour-là.

Le mois de mai peut-être.

L'homme est habillé d'une chemise blanche en coton épais ; les manches sont retroussées sur ses avant-bras.

On pourrait imaginer que des initiales AC soient brodées sur la partie gauche du vêtement, à hauteur du cœur, si un pull-over en maille, de couleur beige, ne venait les protéger.

L'ensemble est suffisamment échancré pour laisser légèrement apparaître sur son buste un maillot écru à fines côtes porté à même la peau, très mate.

Un pantalon jodhpur, des bottes noires et ce détail : un veston en drap épais, apparemment léger dont les fils mélangés tissent un paysage qui rappelle la peinture des paysages anglais, lui aussi enroulé à l'arrière de la selle.

Il s'appelle Arthur Capel.

On le surnomme Boy.

Elle a immédiatement retiré sa main de celle de l'homme et de l'autre main attrape le pommeau de la selle.

Elle part à toute allure.

Éloignée.

La forêt n'est plus cette forêt.

La forêt se déplace.

Les arbres chavirent.

Une route se déplie encore plus droite plus saillante dans la vitesse d'un galop jusqu'à l'hiver cette fois.

Il ne l'épousera pas.

Elle est de celle que l'on aime, que l'on montre que l'on garde mais que l'on n'inscrit pas sur le parchemin de sa vie.

Elle galope.

Elle galope très vite, beaucoup plus loin que le paysage qu'elle traverse et qu'elle ne reconnaît pas.

Le cheval a des ailes.

C'est le cheval des sources.

2

Dans le sud de la France, il y a cette lumière de fin décembre, très particulière, chaude et rousse en contraste avec l'air frais, bleuté.

La mer.

La mer depuis la fenêtre arrière de la voiture.
La mer espacée d'un site à l'autre dans les virages et la lenteur du voyage.

Comme dans un roman.

La mer a déjà quelque chose d'insupportablement éternel.
Fixe.
Fixée.
Mais néanmoins impatiente lorsqu'elle résonne ; bruyante.

Le virage est tragique.

La voiture chavire.

Boy est précipité dans un autre monde (1919).

Elle arrive sur les lieux immédiatement.
Elle caresse la ferraille de la voiture.

Elle s'échappe d'elle-même.

Les mains vides.

Sans lui.

Elle demande son amour à la mer.

La mer ne donne aucune réponse lorsque le jour se lève.

Toutes les femmes porteront le deuil avec elle dans cette robe noire qui ne dira jamais son nom.

Elle enlacera ses initiales aux siennes.

ENCHANTÉE

1

Le bois de châtaignier est un bois qui parle l'hiver dans les combles de l'abbaye aménagés en dortoir.

Le bois de chêne, lui, est silencieux.

Le vent insiste, particulièrement à l'approche de l'été lorsque l'océan et la lune s'agitent et s'infiltrent loin dans les terres.

Le vent raconte.

Dès le matin, une gamme de sons comme protégés par des murs finalement pas assez épais se glissent dans le jardin.

C'est une fusion de bruits métalliques diversifiés selon la nature des supports difficiles à identifier, mélangés à des approches sonores plus mates et plus terreuses.

Des sifflements secs et répétés les accompagnent.

Parfois, des voix sont en écho à d'autres voix.

Régulièrement le tintement d'une cloche.

Elle, elle voulait chanter, pour qu'on la voie, plus que pour l'entendre.

Pour ne pas être abandonnée.

Dans l'abbatiale, musique et parole se confondent.

Un chant.

C'est une vibration étrangère qui ne s'exprime que dans l'incompréhension d'un sens inconnu qui transporte avec lui des sensations.

On ne sait pas.

On sent qu'il y a une obligation à chanter, cette épaisseur de sons où s'entrelacent la langue latine et les notes soufflées et aspirées d'un harmonium.

Une seule volute sonore circulera dans l'espace.

On ne peut pas la nommer musicale, tant les souffles, les voix aiguës, les respirations prononcées en font un chant qui demeure primitif.

Trois fois par jour.

Elles vont chercher dans les sensations auditives de cette langue étrangère emphatique l'évocation des images de leurs vies rêvées, pour certaines ; pour d'autres, le motif abstrait des mots et de la musique confondus, les rares silences de ce langage : la poésie.

2

Mis à part le vent, qui semble porter de l'extérieur les rumeurs du temps sans jamais ramener leurs paroles, ce qui parvient de dehors est incertain.

Les châtaigniers prennent trop d'importance d'une saison à l'autre pour entendre d'autres voix que celles des terres pauvres.

Le paysage est rêche.

D'ici.

Elle, elle l'écoute.

L'eau d'un canal, creusé à flanc de granit, dévale la montagne et ne transporte avec elle que le bruit de son origine qu'amplifie son débit sonore jusqu'au vivier où elle éclate festive.

Depuis le site le plus élevé de la commune on voit se décliner une succession d'horizons.
La perspective est muette sur les hauteurs.
Aucun nom.
Une texture verte modulée selon les jours.

Dehors, dedans, et les mots restent les mêmes.

Ce sont des mots de rires.
Des mots de filles.
Rien d'effectif, un entre-deux fait du poids silencieux de toutes les absences.

Ce sont les mots d'hier.

Ce ne sont pas les siens.

Elle, elle ne rêve pas.

Elle suit sa ligne.

Si l'été n'entre jamais dans les pièces de l'ouvroir où les pensionnaires travaillent, des images solaires se forment et racontent sur les murs des histoires mutantes.

Les couleurs de l'été traversent les verres colorés et filent sur le dallage leurs reflets abstraits.

Même atténuées les couleurs disent.

Elle, elle sait : ici la vie est incomplète.

3

La fumée du tabac, mélangée aux odeurs de transpiration, circule entre les uniformes des militaires dans cet espace où le vin et l'alcool favorisent l'euphorie.

C'est un tableau inspiré de Toulouse-Lautrec.

Elle, elle chante.

Elle chante pour se faire voir.

À Moulins, les officiers, chasseurs à cheval qui s'amusent dans le quartier de la gare au café-concert La Rotonde viennent voir cette jeune fille de vingt ans, si mince dans son chemisier rayé et sa jupe longue ajustée, si absente dans sa voix mais tellement présente dans son corps de garçon manqué (1904).

Son corps est à cueillir comme une fleur au printemps qui se plie avec souplesse sans jamais casser.
Sa minceur d'enfance fait toute la différence avec les rondeurs graisseuses de ses amies chantantes.

Les hommes la regardent comme un écart, comme un espacement dans leurs habitudes caressantes.

Elle, elle chante comme une image.

4

Elle, elle parle beaucoup.

Les mots roulent, se cabossent entre eux ; elle les retient dans une respiration exaspérée.

Dans la reprise de son souffle, elle tente de descendre d'une octave la tonalité de sa voix qui touche au murmure sans y parvenir.

Comment dissimuler cet accent fait de pierres qui roulent dans les torrents des monts d'Auvergne et qui se brisent entre elles lorsque l'obstacle est trop important.

La voix est enroulée de tabac, plus chaude que grave en apparence, comme les notes de tête des parfums dont elle a l'expérience ; puis, aiguë.

Elle abîme avec méchanceté la fin des phrases.

La bouche pincée, le poing militairement serré, elle conclut sur une vérité qu'elle pense irréversible.

F

FASCINÉE

1

Elle lit.

Elle s'échappe de son enfance.
Elle a vingt ans.

Dans le grenier de ses tantes à Moulins, sous le regard de l'étoile de la fontaine de Saincy, elle vit un destin d'héroïne, amoureuse et puissante.

La lecture des romans-fleuves de l'époque, Alexandre Dumas, Huysmans, Mirbeau, Maupassant, lui offre des vies parallèles : intrigues amoureuses et sociales, femmes affranchies et transgressives, éprises de liberté, prétendants chevaleresques et protecteurs.

Elle fantasme une jeunesse dont elle a été privée.

Plus tard, la bibliothèque de Boy Capel, les textes sacrés fondamentaux, la Bible, la Bhagavad-Gita, les ouvrages philosophiques de Voltaire à Nietzsche, ésotérisme, astronomie, et traités politiques auront leur place.

Passeur, Boy Capel ouvre pour elle un contre-monde fait de défis à la réalité.
Ses livres la transportent plus loin.
Elle change de dimension.

Elle voyage.

Certains symboles rapportés de ses voyages littéraires deviendront des objets esthétiques accrochés à ses créations.

Les secrets d'une pensée animée intérieurement ne seront jamais rendus visibles par la représentation d'un motif, mais par un détail invisible d'une coupe ou d'une texture.

Elle découvre l'espace des signes.

Obazine l'avait préparée à la jouissance des mots abstraits, aux exercices de sublimation auquel le latin des offices religieux obligeait.

Maintenant, si elle est attentive à la poésie de Mallarmé, grand ami de Misia, c'est auprès de Jean Cocteau, de Max Jacob dont les rencontres sont fréquentes, que le secret des mots devient de plus en plus familier.

Ensemble dans une écoute réciproque amicale, ils partagent le goût de l'aventure créatrice d'une époque, qu'ils contribuent à construire inconsciemment.

Eux, savent la nommer.

Elle, saura la vêtir.

Sans s'exercer elle-même à l'écriture, elle est l'accompagnatrice privilégiée de leurs créations jusqu'à aider financièrement leurs publications.

Il écrit :

« Si vous ouvriez aujourd'hui une histoire de notre littérature, vous devriez y trouver le nom d'un nouvel auteur classique : Coco Chanel. Chanel n'écrit pas avec du papier et de l'encre (sauf à ses moments perdus) mais avec de l'étoffe, des formes et des couleurs ; cela n'empêche pas qu'on lui prête communément l'autorité et le panache d'un écrivain du Grand Siècle, élégante comme Racine, janséniste comme Pascal (qu'elle cite) philosophe comme La Rochefoucauld (qu'elle imite en donnant elle aussi des maximes), sensible comme Madame de Sévigné... »

Roland Barthes

Auprès de son amour, son ami, Pierre Reverdy, la poésie se partage intensément.

L'imaginaire sacré des mots ne se lit plus de la même façon, il s'élargit de plus en plus vers la vie.

Elle conservera de nombreux manuscrits, qu'elle habillera d'une reliure de cuir beige.

L'audace des poètes a vite basculé dans la création de ses vêtements dont chacun semble incarner le récit d'un moment de sa vie.

Ainsi, entre les volumes de sa bibliothèque de l'appartement de la rue Cambon, devenu ce paysage amical de rencontres de mots, tailleurs, robes, manteaux plus écrits que cousus pourraient trouver leur place.

La bibliothèque d'une existence.

2

Elle aime les livres.

Elle dit :
« J'aime les vêtements comme les livres, pour les toucher, pour les tripoter. »
Gabrielle Chanel

Dans l'appartement du 31, rue Cambon, les livres sont rangés sur les étagères de confection artisanale, en chêne, qui sont à l'opposé du mobilier baroque, des miroirs et des cristaux qui signent cet espace si singulier.

Ils ont la place de l'essentiel.

Les livres ainsi dépouillés de tout apparat, au plus près des pensées qu'ils enveloppent, s'appuient les uns contre les autres comme autant de déclarations biographiques.

Ils écrivent sa vie.

Les bibliothèques, ces grands paysages calmes de mots silencieux, alternent avec ceux plus bruyants d'images des paravents en laque de Coromandel.

Les odeurs de reliures en cuir se mélangent aux senteurs de son parfum fétiche, qui attise les flammes dans la cheminée.

Les livres conduisent sa vie.

Instruments de rêves, de prières, de voyages poétiques et artistiques, de désirs amoureux, les livres lui donnent l'amitié de leurs imaginaires.

Ce sont eux qu'elle retiendra au plus près d'elle-même.

Dans sa jeunesse, chaque personnage de roman devenait pour elle le miroir d'une vie rêvée, chaque titre défiait sa pensée intime.

La lecture exaltait son esprit conquérant.

Même si les psaumes de l'orphelinat de l'abbaye cistercienne d'Obazine lui ont douloureusement et naïvement indiqué le chemin, plus tard, ce sont les poètes qui l'initieront aux confidences de l'invisible.

Elle rassemble les livres des artistes qu'elle a rencontrés, admirés, et souvent aimés, avec lesquels elle a partagé l'intuition de son époque.

Ses trésors.

Mais plus que tout, chaque auteur lui révèle ce que peut être la construction d'une œuvre, cette façon d'inscrire dans le temps une vision du monde.

Chaque auteur lui indique aussi la densité du travail à accomplir pour faire de sa propre vie une légende.

Certains livres ont le dos frappé d'un épi de blé en écho aux bas-reliefs de bois, au petit tableau de Salvador Dalí (1947), au pied d'une table basse, au bouquet de tiges de blé de l'orfèvre Robert Goossens, aux bouquets séchés.

Le porte-bonheur populaire trace le territoire symbolique de l'appartement.

Les livres conversent avec les objets.

Si elle abandonne la lecture du livre de Joseph Kessel *Le Lion*, sur une table basse en laque de Coromandel à côté d'une sculpture en marbre du célèbre lion romain de la loggia des Lanzi à Florence, c'est pour célébrer son signe astral, le mois d'août, et pour honorer l'animal protecteur.

Tout est lecture.

Aucune correspondance circonstancielle, un réseau de sens se tisse d'un objet à l'autre.

L'univers de ces livres donne des réponses à ses intuitions créatives et à sa vie qu'elle a toujours refusé d'écrire ou qu'elle soit écrite.

Mais elle est inscrite sur ces rayonnages chargés de croyances, de doutes, de désirs, de repentirs, d'ambition, de colère, de fuite, dans cet appartement aux murs vieil or comme la tranche des missels anciens de l'abbaye d'Obazine.

Dans le jeu des apparences de la mode, chaque livre est une désertion du réel.

3

La voici au sommet de l'échelle sociale.

De quelles fêtes résonnent les pièces du troisième étage de l'hôtel le plus mythique de Paris, où elle décide de s'installer à distance de tout confort domestique (1936).

C'est une suite de trois pièces mansardées avec un balcon ouvert sur la place Vendôme.

Le comble du chic.

Elles sont aménagées avec les meubles du 29, rue du Faubourg-Saint-Honoré : canapé de daim beige aux coussins matelassés, paravents de Coromandel, miroirs dorés, lampes de cristal.

C'est dans ce territoire qu'elle dépose les accessoires de sa vie chaque soir.

Elle s'échappe dans les astres de sa bibliothèque, ouvre *Les Étoiles peintes* de Pierre Reverdy.

Il écrit :
« Et puis c'est un rideau qui tombe et qui enveloppe toutes ces formes dans la nuit. »
Pierre Reverdy

Elle s'envole avec Guillaume Apollinaire :
« Tous les mots que j'avais à dire se sont changés en étoiles... »

Les mots, les phrases, les vers vont prendre les chemins gravés des paravents de Coromandel à la rencontre d'autres mondes dissimulés entre les couches de laque, où dieux, déesses, génies les accueilleront parmi les fleurs de cerisiers, les oiseaux chanteurs et les animaux prédateurs.

Elle poursuivra le voyage nocturne jusqu'au bout de ses doigts, dans les soieries d'une robe, la doublure d'une veste.

Elle ajustera sa nuit de lectures et d'images sur le corps du modèle.

Elle donnera des ailes à son vêtement.

Les élégantes ne savent rien du récit nocturne du costume qu'elles porteront, du récit de ces nuits solitaires, des chemins qu'il a pris pour les rencontrer dans le désordre du jour.

Les étoiles sont rares dans les appartements de l'hôtel Ritz.

4

Sa vie est devenue la fiction d'une existence éloignée de ses rêves de dortoir.
Il y a un décor, un espace scénique, des figurants.

Elle est seule.

Elle vit dans son monologue.

Beaucoup l'ont approchée pour écrire l'histoire de la petite auvergnate devenue reine de Paris.

Elle a commencé à parler.

Vite elle a flouté les dates, inventé d'autres lieux et toujours parlé de son père, devenu riche en Amérique.

Elle ne dit rien.
Elle ne partage rien.
Elle a délesté son enfance dans ses créations pour inventer sa vie.

Son style cache sa vie.

Il y a les confessions qu'elle fait aux miroirs et aux animaux totems du 31 de la rue Cambon.

À ses livres.

Ce sont eux qui garderont son histoire vivante.

5

Son nom est écrit partout.

Aujourd'hui sa vie se compose de six lettres imprimées, qui exploitent toutes les tendances graphiques, sur les objets qu'elle a initiés pour le plaisir des victimes du paraître immédiat.

Ce n'était pas son projet.

Il écrit :
« Et l'on pourrait sans cesse, à son usage, citer la fameuse parole de Brummell devant qui un jeune homme louait son élégance aux courses d'Ascot : "Je ne pouvais pas être élégant, puisque vous m'avez remarqué." »
Jean Cocteau

La démonstration compétitive des marques de mode, leurs rivalités, les faux enjeux de la modernité capturent son nom pour le plus d'une valeur consumériste, à l'oubli de la singularité de son histoire.

Son « temps long » est mal traité par cette accélération de créations pulsionnelles qui comblent un regard de femme à peine reconstruit à chaque saison.

Son nom rebondit, se décline, s'affiche sur tout.
Les femmes sont habillées d'une marque et pas d'un vêtement.

Ce n'est plus une signature, mais l'accumulation d'un motif qui se répète, sans toutefois se conjuguer aux éclats d'un style.

Elle, elle devient illisible.

La création devient un produit qui se soumet au temps destructif de la mode.

Elle, elle est *désécrite*.

L'étalage de son nom prend à rebours le sens des mots qui sont les siens.

Loin des *Maximes et Sentences*, loin des phrases radicalement critiques dont elle a le secret, loin des poèmes de ses amis qu'elle retrouve le soir dans sa bibliothèque, son nom surmultiplié dans la fabrique des clones de la mode qui investissent une succession d'apparences, peut-être, retient-il encore un peu son temps qui passe.

6

Passage.

De l'autre côté de la porte en miroir les animaux d'Orphée se sont installés dans l'appartement du 31 de la rue Cambon.

Dans la bibliothèque, *Le Bestiaire ou Cortège d'Orphée* de Guillaume Apollinaire, illustré par Raoul Dufy (1914), *Orphée* de Jean Cocteau (1927) et son *Petit Bestiaire* (1957) les accompagnent.

Elle se souvient du petit tableau peint sur carton *Orphée aux bêtes* que Jean Cocteau lui avait montré (1927).

Si l'appartement est le terrain de jeux d'une enfance perdue, c'est aussi un espace où les animaux qui l'occupent sont enchantés par les poètes de sa bibliothèque qui conversent avec elle dans ses lectures sur le large canapé en daim beige.

À travers les miroirs et le cristal des lustres et des objets, c'est le rendez-vous des légendes.

Chaque animal possède sa légende.

C'est un appartement orphique.

Elle, elle ne se retournera pas.

H

HABITÉE

1

Depuis le XIIe siècle, les murs de l'abbaye d'Obazine se sont beaucoup déplacés.

Ruinés par la Révolution.

Mais rien n'a jamais bouleversé la mesure inscrite à l'origine : l'ordre.

Dans l'abbatiale, l'ordre s'enracine visuellement au sol dans un dallage calcaire qu'aucun ornement n'interrompt.

La géométrie spatiale des pierres s'élève, verticale, et les colonnes se courbent à l'extrémité de la construction.

L'ordre se répète.
Il s'échappe un peu entre les lignes entrelacées des vitraux dont les verres en demi-teintes filtrent intensément la lumière du jour.

Les oculi sont translucides.

Des lueurs.

À l'extrémité gauche, le transept se prolonge d'un palier, point de départ d'un escalier qui conduit assez abruptement jusqu'à l'étage et bute sur une porte cintrée, plutôt basse.

C'est l'Escalier des Moines.

C'est l'escalier que les religieux empruntaient pour se rendre aux offices.

Cet escalier dressé, massif, éveille une théâtralité de mouvements alors que la planéité du sol, cette étendue cérémonieuse, engage au recueillement requis par l'ordre du lieu.

Elle, elle descend et monte l'escalier trois fois par jour.

Elle vit dans l'escalier une histoire qu'elle ne connaît pas encore. L'escalier est son voyage le plus profond, le plus lointain.

À l'extérieur de l'abbatiale, des arcs de cercle en granit gris se déclinent en frise autour d'un carré végétal ; le poumon de Dieu ; un jardin de fleurs, de fruits, de légumes.

Le cloître.

Depuis les salles adjacentes, occupées par une diversité d'activités, toutes essentielles à l'ordre, on devine à travers les verres teintés des fenêtres enchâssées dans la pierre, les mouvements nuancés de la lumière du jour.

D'orages en éclairs crus, des images abstraites s'échappent de la lanterne magique du monde, agitent les esprits sans jamais toutefois parvenir à la couleur espérée.

2

Dans le vaste couloir qui permet de monter au dortoir et donne accès à l'escalier conduisant à l'abbatiale, des fenêtres aux dimensions généreuses s'ouvrent sur le jardin du cloître.

Ces fenêtres sont encadrées de bois peint en noir.

Le jardin ainsi mis en vue devient une image de calendrier où, selon la variation des saisons, les jours, les années le plus souvent, les pensionnaires cochent dans leur mémoire le temps qui passe.

Toujours en rangée de deux, le pas mesuré, à travers ces cadres noirs, leurs regards frôlent les rares images vivantes de la nature qui s'opposent à celles, abstraites, mais tout autant cernées de noir, des vitraux de l'abbatiale qu'elles retrouveront en bas de l'escalier.

Le noir théâtralise le spectacle du mystère de la Création divine mais aussi celui de son autorité.

Il précise l'absolu d'une pensée rigoriste dépouillée de tout ornement.

Il fait du monde extérieur une image.

Un ordre.

Une discipline.

Dans l'abbatiale, dans l'épaisseur des vitraux, en filigrane, on devine un C majuscule qui se reproduit en une multitude de courbes.

Si on imagine la lettre C chevauchée par un cheval cabré, comment ne pas évoquer l'emblème de l'école équestre de Saumur ?

Le Cadre noir.

Le vitrail s'ouvre ainsi sur une naissance (1883).

Une empreinte.

La lettre C qui relie le cadre noir, le cheval, associée douze ans après à l'image d'un vitrail deviendra une histoire.

Ainsi, les mots et les images se conjuguent, activent le romanesque des symboles, marqueurs absolus et néanmoins floutés du temps.
Les lieux s'effrangent et mêlent les limites de leurs représentations aux mots qui les nomment.

Que s'est-il fixé à Saumur, le jour de sa naissance (19 août 1883) avant toute conscience d'exister ?

La date reste unique.

Le matin, à Obazine, la lumière de l'est découvre le travail nocturne du jardin : les floraisons nouvelles du printemps, les raisins des treilles de l'été, la terre retournée de l'automne.
Mais lorsque les gelées de février surprennent le jardin, scintillant comme une devanture de joaillerie, ce lien noir devient un ruban cadeau.

Elle écrit :
« Que devait à cette ville, facétieuse comme un pensionnat à la veille des vacances, stricte comme un couvent et tout entière consacrée au culte de l'art équestre, que devait à Saumur Gabrielle Chanel ? Jamais elle ne nia qu'en sa folle jeunesse, sa seule, son exclusive passion avait été le cheval. Née en 1883, est-ce absurde de découvrir entre elle et la ville comme une complicité ? Est-ce hasard qu'elle y soit née en un temps où l'enseignement que l'on y pratiquait se réclamait du plein air autant que du manège, elle

qui toute sa vie allait s'appliquer à faire triompher une sorte de liberté et très précisément un esprit de plein air qui sonnait le glas des falbalas. »

Edmonde Charles-Roux

3

Elle, elle suit sa ligne.

Sa ligne de vie.

De Chanel à CHANEL, c'est un même et unique parcours, un voyage unique qui réunit deux points, trace un seul chemin.

Un lien.

L'épine dorsale d'un projet biographique sur lequel s'accrocheront les règles de sa maison de couture et leurs déclinaisons visuelles.

Angles noirs des packagings, points d'appui graphiques, caractères typographiques, ornements architecturaux et bien sûr le style des créations de vêtements ; la ligne s'épanouit dans les tailleurs blancs, gansés de noir, construits dans les années soixante.

Sa ligne intérieure devient physique.

Cette ligne noire, abstraite, caractéristique d'un esprit de classicisme et d'un faire-part de deuil n'est pas éloignée des cadres noirs des fenêtres d'Obazine, mais aussi des leçons vécues du cubisme.
C'est le moment où l'art bascule dans l'artistique et se diffuse dans le regard de chacun à l'oubli de ses sources.

Elle ne connaît pas Mondrian.

Cette ligne noire souligne et identifie les créations comme si chaque objet inventé aujourd'hui jusqu'à l'irréprochable trouvait son assise, son socle, sur les entrelacs des célèbres initiales enfin délacées de leur destin d'origine, rendues linéaires à l'infini.

4

À cet instant toutes ses pensées sont contradictoires comme ses rêves.

Comme ses désirs.

Aux colonnades du Louvre elle adosse l'esprit baroque de ses souvenirs vénitiens et ses tailleurs, ses manteaux, construits avec la rigueur d'une architecture classique, deviennent aussi souples qu'un drapé.

Elle souligne les limites d'une veste d'un trait d'ombre pour tenir les femmes à l'aplomb de leur temps, puis elle accrochera un excès de bijoux inspirés de l'Empire byzantin et de la Renaissance italienne qui raconteront les histoires troublantes de ces reines dont elle avait découvert les combats dans le grenier de ses tantes à Moulins et dont elle retrouve le soir les portraits dans les beaux volumes de sa bibliothèque.

Comment rejoindre ces contradictions tout en étant novateur ?

Ce sera le travail d'une vie pour approcher ce déséquilibre qui signera le classicisme d'une époque.

I

INSPIRÉE 1

1

Les dieux ont décidé depuis longtemps qu'il fallait donner abondance au monde et fécondité aux femmes.

Ainsi naquit le blé et avec lui les berceaux de paille.

Le blé d'un rêve.
Un blé plein, un blé chaud.
Les blés d'or.
Le don de vie.

Ici on le mélange au *blé noir* ; celui qui vient d'Orient.
Le byzantin.
Le *sarrasin.*
Il se ramasse en automne et pourrit vite.

À Obazine, le *blé noir* de la vie et le *blé d'or* des rêves sont souvent cloués ensemble sur la porte d'entrée du dortoir des filles ; une croix, bien sûr, mais parfois une fine gerbe porte-bonheur qui sera renouvelée l'année suivante si les moissons sont favorables.

Une étoile.

Des paroles messagères se glissent alors dans la paille craquante jusqu'à la poussière qui pourraient faire espérer bien plus qu'une galette.

La fantaisie, c'est lorsque les fils de coton jaune brodent au point de croix des épis de *blé d'or* sur la percale blanche.

Ainsi, de l'antependium du maître-autel de l'abbatiale retombent les offrandes du renouvellement de la vie.

Le blé d'or.

Il y a aussi ce moment où, pendant l'office, tout s'arrête entre deux coups de sonnette.

Les grains de blé transformés en pain sacré se cognent à des paroles ancestrales inaudibles et mystérieuses, la magie des mots que les colères du vent, qui aiguillonnent les jambes des filles en se glissant sous les plinthes disjointes de l'austère construction, ne sauront effacer.

Elle, elle sent les frôlements dorés de l'invisible.

2

L'or byzantin est déjà sur le feuillage diffracté des arbres.

La nature est une coupole dépliée en panoramique, bienveillante pour le regard, un paysage annonciateur de soleils surnaturels.

La lumière oblique de novembre.

La châsse reliquaire, quatre plaques d'émaux montés sur une âme de bois, est un trésor d'orfèvrerie traditionnel de l'artisanat local d'Obazine.

Venise saura célébrer l'art du feu venu du Limousin.

Il est exposé à l'occasion de cérémonies liturgiques exceptionnelles, éclairé par les lueurs dorées d'un ciboire et d'une patène, élevés aux regards obéissants des jeunes filles.

Le temps traverse l'éclat de l'or et les coulées sirupeuses des champlevés, qui frôlent les murs et s'accrochent parfois au centre d'un manteau de cheminée, prend la forme d'une croix en épis de blé.
C'est une féerie de couleurs et de matières précieuses.

Elle, elle ne sait pas encore que tout ce qu'elle touchera deviendra byzantin.

Elle dit :
« Pourquoi est-ce que tout ce que je fais devient byzantin ? »
Gabrielle Chanel

À Obazine, aujourd'hui l'abbaye se conjugue avec l'église d'Orient, une confrérie grecque-melkite catholique de la Théophanie, une communauté de tradition byzantine unie à Rome.

Une religieuse en robe noire, marron parfois, avec cet accent cascadeur d'Antioche, d'Alexandrie, de Jérusalem, de Syrie, de l'Arabie, de la Mésopotamie, de l'Éthiopie, de toute l'Égypte, cet accent qui relie les soleils des mythologies des forêts à celui du repas sacré, accueille.

Elle s'appuie à la balustrade d'une fontaine monolithique surmontée d'une croix en son centre.

Elle raconte.

Elle parle de l'autre côté des feuillus dorés, et sa voix se déroule dans le jardin carré divisé en quatre parties égales.

Le voyage vocal est oriental.

Byzantin.

Or, très légèrement, au-dessus des collines à nouveau verdies à la sortie de l'hiver.

3

L'humidité de Venise accompagne son chagrin.

Éprouvée par la mort de Boy Capel, elle accepte l'invitation de Misia et de son mari, le peintre José Maria Sert, à visiter Venise (1920).

Elle voit les ors vieillis des palais, les tableaux des églises, les mosaïques des basiliques, les soieries que l'on découvre dans l'atelier d'un artisan dont l'adresse n'est jamais complètement tenue secrète.

Mais elle est toujours à l'affût des signes qui pourraient lui donner une meilleure définition d'elle-même.
Ce sont les lions, emblème de Venise, qu'elle remarque d'abord au cours de son premier voyage dans la Sérénissime.

Dans cette ville qu'elle a mille fois imaginée, l'incarnation de son signe astral est omniprésente.

Elle flotte avec eux.

Le lion symbole récurrent sur chaque façade, chaque tableau, le lion, son lion, balise un territoire qui lui devient familier.
À Venise le lion est ailé, une patte sur un livre : un ange annonciateur.

Le destin ne l'abandonne pas.

Comment Venise pourrait-elle exister, suspendue ainsi à la menace de sa disparition si la puissance, la force, la sérénité du lion ne protégeait pas cette miraculeuse survie de chaque instant ?

Elle choisit Venise comme ville miroir.

4

À Venise, le matin d'un quinze août, basilique Saint-Marc, elle ferme les yeux pendant que se dévoile d'un mouvement de rotation, dissimulé derrière le maître-autel, le retable d'or incrusté d'émaux et de pierreries commandé aux artisans de Constantinople.

Les émaux cloisonnés éclairés de l'intérieur par les reflets de l'or devenaient translucides.
Ils se présentaient comme des vitraux, traversant la lumière du Christ en majesté, ainsi sublimé.

Ce dont elle se souvient de son premier voyage à Venise, c'est cette application à émerveiller le monde, cet artisanat de la beauté dont elle fera la parure de ses silences.

À Obazine, à l'approche de l'été, quelques journées sont consacrées à la préparation de la Fête-Dieu ; couture des vêtements, ajustement des parures, décoration des espaces. C'est le temps du rêve, de l'évasion qui annonce le festif rendez-vous et donne à l'été toute sa réalité.

Le moment le plus attendu par les pensionnaires est l'ouverture d'une fine caisse en bois de châtaignier qui abrite pendant une année la bannière symbole de la communauté que trois d'entre elles brandiront.

C'est la cérémonie du dévoilement.

Une religieuse préposée aux gestes sacrés de ce moment exceptionnel retient son souffle et dans un flot d'odeur de camphre, au milieu de papier de soie et d'un linceul de calicot, réveille lentement de leurs silences les lumières brodées de la bannière.

Encore une fois, la Vierge apparaît, bleu, blanc, or, une frise de lierre et de fleurs l'entoure accompagnés de milliers d'heures de veille, de visages penchés, de regards entrelacés aux couleurs des fils de soie ; des chants, des rires, pour quel mystère, quel inconnu ?

Un trésor.

Les gestes propices à la fracture du pisé de glaise du Limousin chevauchent sa mémoire.

La même terre donne l'argile et les pierres précieuses, le même soleil les révèle différemment ; le mat et le brillant conjuguent leurs antagonismes ; les cérémonieuses broderies de la bannière de la Fête-Dieu se rencontrent avec le lumineux savoir-faire des joailliers byzantins.

Et sa mémoire commence à construire un atelier composé des fragments de ses expériences de jeunesse et Venise lui ouvre l'ambition des espaces de la Renaissance.

À ce moment-là rien n'est trop précis, trop parfait, trop justement adapté à sa pensée.

Elle devient l'artisane souveraine d'un État hiérarchisé : ouvrières, assistantes, apprenties.

Le Grand Atelier.

Elle comprend que la force pérenne de l'exceptionnel, c'est le temps.

Elle en fera son outil.

INSPIRÉE 2

1

L'hiver.

La neige parfois.

Cela pourrait être la référence, cette apparition aiguë, aveuglante, qui ne dure pas.
Un blanc survenu.
Un blanc de passage.

La nuit il y a le récit silencieux de cette robe blanche, une robe de mariée-communiante ; une robe de cérémonie.

C'était une promesse de son père.

Le blanc de la robe ne peut être ce blanc mat et laiteux des murs de l'abbaye mais un blanc encore plus lumineux que celui qui habille le maître-autel de l'abbatiale, plus blanc que les accessoires liturgiques de la messe.
Un blanc qui transporte avec lui les histoires romanesques des jeunes filles, un blanc qui détache le col Claudine des jours de fête noué d'une lavallière sombre.

L'organza de lin est un tissu de cérémonie qui se laisse coucher en plis *religieuses* horizontaux et laisse deviner quelques parements de dentelles comme le surplis du prêtre les dimanches de grandes fêtes.
La blancheur de son tissage est incomparable et dégage une féerie d'images pieuses.
Un voile aérien, retenu dans les cheveux par quelques fleurs, des roses bien sûr, en tissu, enrubannées de feuilles de lierre.
Quelques perles de nacre.

L'essentiel de cette parure : les gants.

Depuis longtemps ses mains se sont détachées d'elle.

Occupée à des activités domestiques et rurales qui ne lui plaisent pas, elle a pris conscience très tôt que ses mains deviendraient son lien avec le monde.

Elles cousent, elles suivent les lignes de lecture, elles écrivent l'index taché d'encre violette ; voici les actions privilégiées de ses mains.

Elle hésite entre des gants en filet résille ; ou bien des mitaines en dentelles, lacées d'un ruban, d'où s'échappent ses doigts déjà bien affinés qu'elle sait protéger en les massant avec du miel de Corrèze, qu'elle tartine au réfectoire, le matin.

Elle choisit des gants en coton un peu épais resserrés aux poignets par un lien de satin qui ne laissent pas transparaître la couleur brune de sa peau de bohémienne.

Une bourse appelée aumônière protège son chapelet.

Un livre.

Un livre qu'elle serre entre ses mains jointes lorsqu'elle descend l'escalier de pierres lourdes qui la conduit à l'abbatiale.

Elle est en tête du cortège des mariées-communiantes.

Ce n'est pas elle qui a été choisie, mais sa robe, qu'elle imagine expédiée d'Amérique par son père et qui miroite dans l'austérité cistercienne du lieu.

Ce dimanche matin du mois de juin, elle ne ferme pas les yeux pour chercher la rémanence des entrelacs des vitraux, elle marche avec souplesse, elle se réjouit des bruits de l'organza sur le sol pierreux qui traverse les chants désaccordés en provenance de l'harmonium.

C'est un jour d'exception.

Le voyage est abyssal, vertigineux, le blanc de sa robe impose un espace plus grand que celui où il s'expose.

L'aura.

Ce moment lui appartient.

Elle est à Deauville.
À Deauville, lorsqu'elle descend l'escalier de la salle de bal du casino, elle sent les regards converger vers elle qui danse habillée d'une robe blanche dans les bras de Boy, son amoureux (1910).

La légèreté de sa taille, l'étroitesse de son corsage, le balancement de son corps, la souplesse juvénile de ses gestes ; le film de ce moment lui appartient.

Sur les marches de l'escalier du 31 de la rue Cambon on n'avait jamais vu se diffracter la radicalité d'un tableau de Malevitch : ces jeunes femmes vêtues de robes blanches, qui dans un mouvement de tulle, de dentelle, de mousseline, souriantes, l'allure audacieuse, descendent l'escalier feutré couleur calcaire aux contremarches soulignées de blanc.

Les mariées-communiantes de la collection (1933).

En haut de l'escalier, elle surplombe cette opacité laiteuse.

Elle écoute la musique des différents tissus qu'elle a choisis, qu'elle a assemblés et aspergés de brindilles argentées, qui glissent sur les marches atones de son escalier, pour cette célébration particulière, pour ce concert unique auquel se mélangent des chants lointains qu'elle n'a jamais oubliés et les notes de quelques morceaux de jazz qui viennent d'Amérique.

2

Dans le salon de l'appartement de la rue Cambon, tous les bouquets de fleurs sont blancs.

C'est une photographie.

Elle a le coude appuyé sur une table, la main posée sur la joue, dans la position d'un arlequin de Picasso.

Elle laisse dépasser de son chemisier à poignets mousquetaires une montre dont la largeur du cadran et l'épaisseur du bracelet de cuir blanc supposent une montre pour homme (1962).

Son heure est conquérante, c'est déjà la partition d'une création.

Elle décide.

Elle y glisse les secrets du blanc qui ne quitteront jamais son poignet et offre cette idée d'intimité masculine à la femme qui la porte.

C'est une montre qui ne donne pas l'heure.
Elle donne le temps.

Elle donne son temps.

Plus tard, une montre en céramique blanche portera sur elle les riches éclats brillants d'un jour sidéral (2003).

Les heures seront lustrées par la brillance des pierres qui finalement n'ont de valeur que leur secret.

C'est une réponse.

Elle donne l'heure.

3

Elle, elle venge le naturel et le propulse vers les artifices de sa vie.

La terre battue des chemins corréziens se mélange aux sables clairs des plages de Deauville que les brouillards du Limousin et les embruns de l'océan irisent légèrement.

Le beige est né.
Naturellement.

Le beige tapisse les murs, s'accroche aux rideaux, recouvre le sol de ses maisons.

Elle habite ses résidences avec les signes austères qui ont construit l'histoire de ses drames personnels.
Elle en fait son décor ; son uniforme vital.

Elle se réfugie dans ses désirs d'origine.

Élémentaire.

Naître à Obazine, renaître à Deauville.

Le beige est une couleur silencieuse.
Une couleur patiente.
Associée au bleu, elle devient lentement voyageuse, rêveuse.

Le beige.

La maison s'appelle « Bel Respiro » et c'est à Garches (1920). On devine derrière l'épaisseur vert sombre d'un jardin la façade peinte en beige d'une maison aux volets noirs.

C'est la villa du deuil.

Elle conjure la douleur de la perte de son amour en l'exposant aux regards des passants.

Beige et noir seront aussi les fondations d'un style.

À Roquebrune, la maison s'appelle « La Pausa ». Les oliviers laissent entrer la Méditerranée jusqu'à la limite des rideaux de soie beige.

De l'autre côté, ce sont les sables de l'Atlantique et le pisé d'Obazine qui réapparaissent.

À Paris, la moquette est couleur du désert et les peaux de daim ne sont pas assez beiges pour recouvrir canapés et fauteuils.

Elle est assise, porte un tailleur beige clair, gansé de noir, et des chaussures d'un beige plus soutenu.

Le chic pauvre du jersey sera son premier passeur.

Elle s'en souviendra à Biarritz de cette couleur lorsqu'il s'agira d'envelopper le flacon de cristal du parfum N°5 d'une suédine beige dans son étui en nickel chromé.

L'extrême féminité du jus aura son costume masculin.

Le mot parfumé « Allure » célébrera le beige.

Il mélangera les genres, plus rosé, plus brun, moins fauve.

Les sables et les visages du monde se sont rencontrés (1996).

Il fait froid sous la coupole du Grand Palais à Paris (2020).

Elle porte une robe longue en soie beige très décolletée ; une ceinture bijou souligne sa taille souplement.

Elle marche.

Elle a une sensation de nudité, sa robe est si légère.
Elle ne la sent pas ; le froid peut-être.

On ne lui a jamais dit pourquoi le beige, jamais parlé de celui-ci un peu changeant sous l'excessive lumière qui arrose le défilé, un beige qui laisse deviner des paysages de terres océaniques.

Elle ne sait pas sa robe qui n'est pas une robe.

Elle marche.

4

À Roquebrune, la mer n'est ni grise, comme à Deauville, ni absente comme à Obazine, elle est bleue comme on la parle à Paris.

Dans les wagons d'acier du *Calais-Méditerranée-Express* surnommé « Le train bleu » dans son compartiment bleu et or, elle parle de ce bleu qui est une conquête de sa vie, une couleur tellement désirée et finalement acquise par son travail.

La mer Méditerranée.

Elle parle aussi de ce ballet éponyme *Le Train bleu* (1924) que préparent ses amis pour la Compagnie des Ballets russes de Serge de Diaghilev.

Seule femme dans ce groupe d'artistes masculins, elle crée les costumes, Picasso le rideau de scène et les dessins du programme, la musique est de Darius Milhaud, le livret de Jean Cocteau, les décors de Henri Laurens.

La légèreté de l'intrigue, les jeux de plage, les flirts, le sport, le ballet est une séquence des Années folles.

Comme pour le ballet *Parade*, Picasso présente le travail artistique qui le préoccupe sur le moment, les grands nus classiques, distanciant le cubisme.

Elle habille les danseurs des vêtements en jersey de sa dernière collection.
Aucune création de costume ; un glissement vers le réel.

Des anti-costumes.

C’est également la leçon de *Parade*.

Un collage.

Après une nuit de voyage, le bleu, c’est le bleu de la Méditerranée qu’elle découvre à travers les oliviers et les massifs de lavande de sa maison « La Pausa ».

C’est un bleu, presque drapeau des rois de France, aux couleurs de sa collection tricolore lorsque à la veille de la guerre elle ferme d’un revers de main patriotique sa maison de couture, plaquant ses ouvrières, mais laissant ouvertes à ses élégantes les boutiques de parfums et d’accessoires (1939).

Si elle ferme les portes des ateliers de la rue Cambon, elle marquera symboliquement l’année 1940 avec le coffret de parfums
Le 1940 Beige,
Le 1940 Bleu,
Le 1940 Rouge.

Ces parfums imaginés dix ans plus tôt deviennent un drapeau tricolore visionnaire (1931).

C’est un film.

Le bleu de 1940 devient ombré (2010).

L’homme qui le porte a les yeux bleus et un sourire pressé.
Il court.
II court beaucoup pour échapper à une femme, aux autres, à lui-même.

Il court toujours, casse du bleu sur son passage et s’arrête net en haut d’une colline.
Face à la mer.

Il dit :
« Je ne vais plus être celui qu’on attend que je sois. »

L’homme est bleu.

INTERPRÉTÉE

1

À bord du paquebot transatlantique qui la conduit à New York elle pense à son père dont elle a imaginé la vie en Amérique.

Une fable.

Les vagues violentes de l'océan Atlantique vengent cette main abandonnée sur la rampe froide de l'escalier de pierre à Obazine.

L'océan est noir et blanc.

Elle va en Amérique.
Misia l'accompagne.

Le navire s'approche des côtes nord-américaines et l'océan devient plus calme.

Des femmes luxueusement accompagnées se promènent sur le pont réservé aux passagers privilégiés.

Elle, elle les regarde et sourit lorsqu'elle remarque la jupe fluide d'un de ses modèles bousculée par le vent.

Fidèle à ses reparties paradoxales, avec cette façon de contrarier le temps présent pour imposer le sien, elle apostrophe Misia et lui parle de la prochaine collection qu'elle prépare (1931).

Elle dit :
« J'ai fait ma collection en pensant aux avions. »
Gabrielle Chanel

Elle n'aime pas l'avion.
Elle est trop terrienne.

Elle parle pour « faire moderne », pour étirer sa jeunesse d'un cran, afin que ses paroles répondent à l'idée de *révolution* que la presse américaine exprime sur son travail.

Elle volera le mot qui deviendra le plus utilisé dans son vocabulaire.

Révolution.

Elle dit :
« Y a-t-il des chichis dans la ligne d'un avion ? Non. »
Gabrielle Chanel

Et c'est déjà une réplique de film.

Elle a rencontré le producteur américain de films Samuel Goldwyn à Monte-Carlo.
Il l'invite en Californie pour stimuler le vestiaire des actrices de sa production.

Après une escale à New York, elle le retrouvera à Hollywood.

Le lion star du studio Metro Goldwyn Mayer monte la garde d'un univers dont elle connaît les images, mais pas les protocoles.

Le lion la protégera.

C'est un film.

Dans *Tonight or Never*, Gloria Swanson est habillée par CHANEL : robe longue noire à bretelles croisées comme une tenue d'infirmière.

Mervyn LeRoy, metteur en scène du film commandité par Sam Goldwyn, a vu plus loin que les parures parisiennes de sa vedette.

Il a remarqué son *allure*.

Les coudes appuyés sur la cheminée, la tête renversée sur la bergère, l'attitude-canapé, tout ce vocabulaire photographique, dont elle est le modèle et l'inspiratrice unique.

La vedette imprenable, c'est bien elle.

Dans les années quatre-vingt, la partition se rejouera sur les podiums.

À chaque défilé, Inès de La Fressange improvisera *l'allure* de son modèle CHANEL en apportant ce supplément d'esprit frondeur qui est le sien.

Sa dégaine.

Bien au-delà d'une incarnation, il s'agit de la création d'une femme telle que, peut-être, un pas plus loin dans le temps Gabrielle aurait aimé inventer.

2

Il pleut sur Paris.

Elle regarde, depuis le balcon de son appartement du Ritz, la pierre ocrée des immeubles changer de couleur sous la pluie qui rebondit en fête sur les pavés anthracite brillants du sol.

Presque des images de bord de mer.

C'est un film.

Le Quai des brumes (1938).

Le regard de Michèle Morgan la bouleverse.

Elle dit :
« Ce qu'il lui faut, c'est un ciré et un béret. »
Gabrielle Chanel

Elle la coiffe d'un béret de feutre, ramené de Biarritz, dont la couleur noire si profondément mate est un socle magnifique au dialogue de Prévert « T'as de beaux yeux, tu sais » que lui murmure Jean Gabin.

Un trench-coat en ciré luisant, serré à la taille dont elle relève le col et qui accompagne la lumière de la pluie et de la caméra.

En deux mots et de beaux yeux, une nouvelle silhouette est inventée.

L'image se fixe à tout jamais.

3

C'est un film.

La jeune femme est blonde (1971-1979).

On l'a souvent rencontrée.

Catherine Deneuve.

Son visage incarne une beauté qui traverse l'histoire de l'art.

Le cinéma conduit ce portrait jusqu'à nous.
Le regard exigeant, la ligne assurée de ses lèvres affirment la présence d'une femme conquérante.

Les vêtements qu'elles portent sont les clichés classiques d'une transgression.

Elle est vêtue d'un smoking.

Main dans la poche, un poignet mousquetaire dépasse de la poche de son pantalon, l'autre aux ongles vernis s'appuie sur le cœur.
Parfois le détail d'un collier de perles est le signe annonciateur d'un récit féminin bourgeois connu.

Elle n'exhibe rien.

Elle incline la tête sur un flacon de parfum en cristal aux dimensions démesurées.
Sa chevelure et la couleur du parfum se confondent et l'or lumineux coulent ensemble dans les variations confidentielles des paroles qui s'échappent des images.

Un phrasé tempéré, une voix sans séduction.

Convaincante.

Elle est le décor d'une illusion particulière, celle de faire sentir la présence d'une énigme.

Celle du parfum N°5.

4

C'est un film.

Boccaccio' 70.

Romy Schneider, en tailleur de tweed bleu et blouse rose se saisira des postures déjà iconiques des photographes qui ont signé le style de Chanel à CHANEL : miroir et collier de perles, bergère, tapis, téléphone.

Le langage des gestes féminins sera donc emprunté jusqu'au thème de l'indépendance féminine par le travail, qu'incarne avec coquetterie et peut-être conformisme cette élégante bourgeoise milanaise ; sujet du film.

Son ami Luchino Visconti rend un hommage évident à l'appartement du 31 de la rue Cambon qui redevient l'appartement de sa jeunesse aristocratique.

Tout y semble installé sans vécu.

Mais le tailleur en tweed bleu, le collier de perles vont rejoindre ce que, certainement, leur créatrice a toujours voulu tout en le réfutant, l'uniforme d'une femme affranchie.

Le vêtement devient une armure, un signal, qui nomme celle qui le porte.

La rue, mais aussi le pouvoir.

Romy Schneider dit :
« CHANEL. »

5

Elle écrit :
« Pour nous le luxe suprême du voyage devient la distraction d'une heure. Pour nous le temps et l'espace s'abolissent. Nous visitons des contrées qui n'étaient dans notre esprit que des noms sonores. »
Gabrielle Chanel

C'est un film.

Alain Robbe-Grillet, Alain Resnais.

Son nom à elle est absent de l'affiche.

Rarement cité.

L'Année dernière à Marienbad (1961).

Une fois encore, ce ne sont pas des costumes, mais des vêtements qui habillent Delphine Seyrig, brune, cheveux courts, lèvres peintes.

Lamés, velours, mousseline, plumes, le registre des matières s'harmonise avec les références baroques du palace à l'intérieur duquel se déplace la comédienne.

Visuellement indissociable des images du film, de ses dialogues mélancoliques que la voix de l'actrice murmure dans un décor de stucs et de dorure, on peut s'interroger sur ce qu'aurait été ce film sans la présence de ce vestiaire inspiré.

Une fois encore la main est portée à la tempe, un parfum est évoqué, le miroir de sa coiffeuse multiplie sa silhouette, le jeu de cartes se déplie sur le lit.

Elle devient le souvenir d'une autre femme.

Plus tard, un montage du film est projeté sur les murs (2023).

Démesuré.

La jeune femme n'a pas le temps d'ouvrir la porte de l'image qu'elle est déjà dans une autre.

Les images vont vite.

Elle porte une blouse imprimée des images du film, une cape de mousseline retenue par un camélia.

Un hommage.

Les images vont très vite.

À peine le temps de comprendre de quoi il s'agit que le crépitement des appareils photographiques fait déjà penser au lendemain.

Les images défilent et parfois le décor que devient le film en avalera quelques-unes.

Enfin, quelqu'un se souvient des mots.

Il dit :
« Vous avez toujours les mêmes yeux absents, le même sourire, le même rire tout à coup, la même façon d'étendre le bras comme pour écarter quelqu'un, un enfant, une branche, et de ramener lentement la main vers le creux de votre épaule... et vous portez aussi le même parfum... »
Alain Robbe-Grillet

INVISIBLE

1

Dans la bibliothèque du 29, rue du Faubourg-Saint-Honoré, les murs, les tapis, le mobilier, tout est beige.

Au centre de la cheminée une statue de Vénus est accompagnée symétriquement de boules de cristal autour desquelles se cherche l'avenir.

Sur la cheminée du salon vieil or du 31 de la rue Cambon, un autel semble dédié à cette même sculpture romaine du Ier siècle, déesse de la beauté et de la séduction, à laquelle les femmes de cette époque sacrifiaient leurs cheveux pour conjurer les persécutions barbares. Elle est accompagnée d'épis de blé protecteurs et de statuettes de lions évoquant un signe astral.

Entourée des attributs qui balisent le chemin de l'invisible, la statue, vénérée, devient votive.

Elle l'interroge : quel vêtement pourrait-il faire apparaître une femme plus nue que la beauté de sa seule nudité ?

2

Dans l'ombre du bureau à côté du salon, la statue d'une Vierge à l'Enfant, d'inspiration gothique, en pierre grise de Bourgogne, est, inévitablement, adossée à un miroir.

Patiente.

La mère, l'enfant, tout ce qu'elle n'a pas eu et qu'elle n'aura pas : une vie qui ressemble à la vie.

Elle, elle flotte dans les images profondes de ses absences.

Autour d'elle tout est décor.

Depuis longtemps les images de la Vierge Marie sont les marque-pages de ses attentes perdues.

C'est à Venise au cours d'une promenade dans le quartier de Cannaregio qu'elle visite l'église, la Madonna dell'Orto.

Le tableau du Tintoret *La Présentation de la Vierge Marie au Temple* la fascine.

Sur un escalier monumental qui occupe presque entièrement l'espace du tableau, le peintre propose simultanément trois moments de la vie de la Vierge Marie.

L'enfant dans les bras de sa mère le regard tourné vers elle, puis sa mère lui indique de la main l'escalier qu'elle doit gravir seule sans aide.

Enfin l'enfant est au sommet des marches en face du Grand Prêtre dont le regard voilé la consacrera à Dieu, invisible.

Les escaliers sont les lieux de ses vertiges.

D'un même souffle, c'est un escalier unique qu'elle monte à tous les âges de sa vie.

Les degrés qu'elle gravit ne sont pas ceux d'un projet social mais ceux qui l'éloigneront le plus de la main lâchée par son père à la porte du jardin d'Obazine.

Elle dit :
« J'ai vécu dans les escaliers.
Au dernier des escaliers j'ai renâclé. J'étais seule. »
Gabrielle Chanel

3

La lumière du jour pénètre difficilement dans l'appartement de la rue Cambon.

Le soleil artificiel des dorures, murs, mobilier, objets de collection enveloppent l'espace d'une atmosphère dorée, un peu poudrée, subtilement scénique.

Sur une table chinoise les cartes d'un jeu de tarot, au revers si particulièrement bleu, tracent un arc de cercle d'où émerge le numéro 19.

La carte du soleil.

Renaissance, indépendance, audace sont les caractéristiques du chiffre 19.

Présence rayonnante, volonté de briller, désir de réalisation personnelle, il symbolise le commencement et l'achèvement, représente la fin d'un cycle et le début d'un nouveau, combine l'énergie du 1 et l'achèvement du 9.

Sa couleur, c'est l'or.

Jean Cocteau choisira de faire franchir à son double la porte-miroir numéro 19 dans son premier film orphique *Le Sang d'un poète*, apportant à cette création la dimension surnaturelle qui habite toute son œuvre (1930).

Naître un 19 août, grandir dans le département immatriculé 19 ; les chiffres se superposent, clignent les yeux sur leur rapprochement fortuit ; mais ne s'additionnent pas.

Ils s'échappent, cosmiques, explorateurs de l'inconscient, comme un parfum.

Le N°19 (1970).

Le miroir franchi, il y a un vent parfumé aux odeurs de collines boisées d'Obazine dans la fraîcheur de ce N°19.

L'origine est célébrée par un parfum.

4

La cheminée ; à la campagne on dit « le foyer ».

L'hiver, assis sur une chaise basse, on vit si proche de l'âtre que pendant des mois on sent le bois calciné et la soupe recuite.

Certains soirs on jette des herbes dans les flammes qui cassent les odeurs, introduisant dans la pièce une note réjouissante qui fait penser au printemps.

Elle, elle chante.

À Paris, les dimensions de la cheminée de l'appartement ne s'harmonisent pas avec les proportions de la pièce.

Elle est imposante et visuellement décalée pour une cheminée citadine.

À hauteur de coude, la construction en briques rouges réfractaires lui donne l'aspect d'une cheminée de cuisine campagnarde.

Sur sa tablette repose une collection de talismans.

De part et d'autre d'une statue antique de Vénus, des bas-reliefs sur bois aux sujets allégoriques.

Sur des chenets sculptés les bûches flambent.

Aucune odeur cendrée ne se dégage dans la pièce, aucune odeur de feu mais celle d'un parfum.

Elle lance dans les flammes des giclées de son parfum fétiche qui recouvrent les souvenirs des hivers corréziens.

Elle détourne les pistes de sa mémoire de jasmin et d'ylang-ylang, dissipe les images de châtaignes pour planter des champs de roses.

C'est une cérémonie secrète.

Elle seule connaît le rituel de cette empreinte impossible à effacer.

Le parfum qu'elle lance n'est pas un parfum ; c'est l'essence qui embaume sa vie et qui la retiendra, elle, à jamais, dans l'histoire.

Un feu sacrificiel parfumé brûle dans l'appartement de la rue Cambon.

5

Le soir, elle traverse les quelques dizaines de mètres qui séparent les ateliers de couture de la rue Cambon de l'hôtel Ritz.

Elle refait la traversée de toute une vie.

Les lieux de couture, Obazine, Moulins, Cambon, se superposent, et ne forment qu'un seul atelier, une presqu'île de femmes pour les femmes, une sorte de laboratoire de la liberté dont elle est la reine.

À l'extérieur, c'est Paris, son livre d'images.

L

LIBRE

1

Elle, elle entretient un mystère.

Orpheline de mère, c'est certain, mais lorsqu'elle fait le récit de son père, la lointaine Amérique lui sert de décor et les faits divers que relatent les magazines sur ce pays, de scénario.

Son père n'est jamais très éloigné d'elle, elle l'invente à mesure qu'elle habille les femmes.
Il existe à travers les tissus qu'elle travaille, les détails qu'elle emprunte au lexique des hommes, une chaîne de montre qu'elle transforme en ceinture, un camélia au revers d'une veste.

Du costume masculin au tailleur des élégantes qui fréquentent la rue Cambon, il y a la composition d'un être hybride à inventer, une figure à la fois paternelle et maternelle, une passerelle, nostalgique et idéale.

Ses secrets.

Elle réinvente aussi l'histoire de sa vie au fur et à mesure de ses rencontres inspirantes qui néanmoins sont toutes dirigées vers cet espace mental sans cesse interrogé : la création.
Artistes, écrivains, poètes, chorégraphes, cinéastes, photographes, ducs et princes seront ses éducateurs.

Hommes et femmes, elle saisit instinctivement les éléments de sa propre construction dont elle n'a pas totalement anticipé la forme que le succès de son travail de couturière donnera.

Elle impose une féminité mystérieuse tellement complexe que c'est ressenti comme l'élégance d'un pouvoir.

Mademoiselle Privé, est inscrit sur la porte de son studio.

2

L'atelier de Biarritz tourne le dos à la mer (1915).

Les ouvrières en blouses blanches écoutent le ressac des vagues s'écraser sur les rochers les jours de fortes marées, entre quelques chansons basques ou espagnoles et le bruit des rares machines à coudre.

Biarritz est la ville de son indépendance.

Les riches clientes espagnoles, et les Parisiennes fuyant Paris en temps de guerre, découvrent la boutique « CHANEL COUTURE ».

Ce sont de nouvelles silhouettes qui se promènent dans la rue qui descend vers la plage.

Les tenues sont en jersey, souples et amples avec les jupes plus courtes laissant voir les chevilles.

Les affaires de sa première maison de couture sont si florissantes qu'elle rembourse à Boy Capel les sommes empruntées.

Indépendance.

Le mot tant attendu cogne fort sur les rochers de la plage de Biarritz. C'est un état nouveau, de n'appartenir qu'à soi-même, de sortir des rangs des processions des orphelines, de se détacher de ses tuteurs amoureux.

C'est un pas vers sa liberté.

Devenue femme d'affaires, elle est seule désormais à gérer et développer ses ateliers et ses boutiques.

Elle décide.

C'est le début d'un empire.

Elle dit :

« À vingt ans à peine j'ai donc fondé une maison de couture. Ce ne fut ni la création d'une artiste comme il est devenu courant de le prétendre ni celle d'une femme d'affaires, mais l'œuvre d'un être qui ne cherchait que la liberté. »

Gabrielle Chanel

De l'étage en dessous, les ouvrières entendent les pas des élégantes frapper de leurs talons de chaussures le plancher de la boutique et des salons d'essayage.

Elles reconnaissent selon les rythmes sonores des pas leurs excitations, leurs hésitations, leurs énervements, leurs lassitudes, leurs enthousiasmes, et reconstituent depuis leur observatoire auditif, dans des éclats de rire non sans un peu de moquerie, la géographie animée des élégantes pour le plaisir desquelles elles sont assises toute la journée.

3

Elle, elle s'applique à faire, d'un instant de couture, un projet.

Elle dit :
« Il faut que j'invente quelque chose. Venez... »
Gabrielle Chanel

L'exigence est sans limites.
La passion, la connaissance des matériaux et des savoir-faire ce n'est pas suffisant.
Il y a quelque chose que la main ne peut pas attraper.

Une idée.

Une vision.

Il y a ce rapport au temps sensible, ce combat contre les effets éphémères de la mode, trouver l'idée d'un marqueur du temps, enfin, traversé par l'oubli.

Elle avance dans ce qui l'éloigne.
Elle découd.

Il n'y a pas d'urgence puisque son matériau c'est le temps.

Elle ne regarde pas autour d'elle.
Elle rentre dans cet instant de couture, fait affleurer une sensation d'intimité entre elle et elle.

Elle opère le croisement entre sa ligne de chance et sa ligne de vie, s'éloigne de son modèle, laisse tomber les cendres de sa cigarette, racle sa gorge et lui demande de descendre l'escalier.

Le modèle explose dans les miroirs qui tapissent l’escalier va dans la rue.

Elle ne la retient pas.

4

Être elle.

Le vêtement est cet objet de transition, encore un miroir que l'on traverse à la recherche d'une autre image de soi.

S'habiller d'une petite robe noire ou d'un tailleur en lamé or, c'est se glisser dans le récit romanesque de la créatrice, dans son extravagante liberté.

Se glisser dans le mythe.

L'immatérialité d'un parfum en est la quintessence.

Une robe l'incarnation.

C'est installer une différence dans la durée, comme une mesure stable de la création de soi.

Sans en avoir l'air.

Un repère.

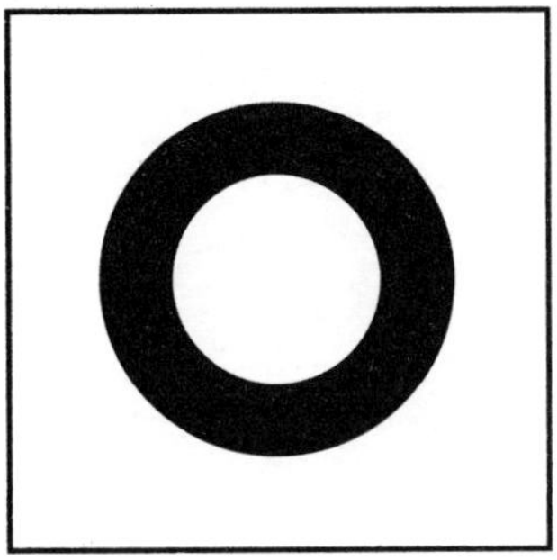

OUBLIÉE

1

Elle n'a pas d'enfance.
Le mot lui a été arraché.

Orpheline.

Elle se rapprochera de ceux qui, comme elle, savent en inventer une pour oublier.

Dissimuler.

Ils se rapprocheront, tutoieront ensemble les secrets de leurs manques.
Ils circuleront dans les espaces infinis de l'art pour obtenir des réponses.

L'appartement de la rue Cambon devient le sanctuaire de cette enfance invisible.

Les animaux comme autant de fables enfantines habitent les lieux. Le symbole populaire tel que l'épi de blé des collines du Limousin, le lion zodiacal du mois d'août, tellement vénitien, protecteur de sa destinée, chiffres fétiches, constellations, autant d'objets tutélaires qui s'appuient sur une imposante bibliothèque dans l'atmosphère dorée d'un château de princesse.

Elle accompagnera toute sa vie Jean Cocteau, orphelin d'un père qui s'est suicidé quand il avait neuf ans.

Ils échangeront les mots et les miroirs à travers tous les arts dans lesquels le poète l'entraînera.

Il y a eu des rumeurs mondaines de mariage entre eux qui ont traversé les correspondances d'un été.

Il écrit :
« Ma très chère épouse (...)
Ma coco, restons toujours l'un contre l'autre.
L'un près de l'autre, aidons-nous et aimons-nous. J'ai revu mon film.
Il reste noble quel public !
On voit ce qui peut se passer dans les âmes à la lecture des poèmes.
Je t'adore.
Ton Jean »
Jean Cocteau

La magnétique Misia, dont la mère meurt en accouchant.

Éduquée pour la musique sur les genoux de Liszt, accompagnatrice de Poulenc, de Ravel, de Satie, elle ne cessera de s'interposer entre les artistes et leurs créations dans cet intermédiaire spatial extravagant où une œuvre artistique va se produire.

Elle choisira les peintres auxquels son image ne pourra échapper : Vuillard, Bonnard, Vallotton, Renoir et les poètes qui pourront la citer, Mallarmé, Cocteau, Max Jacob.

Elle est la marraine de Ballets russes de Serge de Diaghilev.

Épouse soumise pour gagner plus de liberté auprès de ses amants, égérie, modèle, son intrigant cabinet de curiosités sera le monde de l'art vivant où, insatiable, elle tiendra toujours le premier rôle.

Il écrit :
« Misia, non pas telle que ses faibles Mémoires la recomposent, mais telle qu'elle exista : effervescente de joie ou de fureur, originale et emprunteuse, récolteuse de génies, tous amoureux d'elle : Vuillard, Bonnard, Renoir, Stravinsky, Picasso... collectionneuse de cœurs et d'arbres Ming en quartz rose ; lançant ses lubies, devenues des modes aussitôt exploitées par les décorateurs, reprises par les journalistes, imitées des femmes du monde à tête vide. »
Paul Morand

Arthur Capel était mystérieux sur ses origines.

Constructeur de lui-même, il avait une pensée universaliste qu'il cultivait par des lectures mystiques, philosophiques, ésotériques. Des notes prises dans son carnet personnel, qu'elle conservera religieusement, en témoignent.

Il l'entraînera dans cette quatrième dimension où les réflexions intellectuelles de son amant lui donneront les clés d'une lecture mystérieuse des signes qu'elle saura glisser dans ses créations.

Elle écrit :
« Qu'il était donc de bonne famille, mais qu'un mystère pesait sur sa naissance. Il ne figurait pas au *Who's Who*. II s'appelait Arthur Capel. On l'appelait Boy. Jamais il ne parlait de sa mère. Certains le disaient fils naturel d'un Français, mort peu de temps avant que Boy n'eût terminé ses études. Un nom était prononcé : il aurait été fils d'un Pereire. Bâtard de banquier... »
Edmonde Charles-Roux

Pierre Reverdy déclaré de père et de mère inconnus.

Provincial comme elle, il lui apportait les paysages de la France rurale, et des non-dits familiaux.

Fils de personne, il choisit la poésie pour dire sa présence au monde.

À Obazine, elle avait, inconsciemment, appris par le chant des psaumes et les sibyllines lectures en latin la beauté sublimée des mots ; l'expression abstraite du langage.

La poésie n'était pas loin.

Ce poète, rencontré chez Misia Sert et dont l'amitié dura toute sa vie, avait des mots audacieux qui faisaient écho aux siens.

Il écrit :
« Il n'y a pas de mots plus poétiques que d'autres. Car la poésie n'est pas plus dans les mots que dans le coucher du soleil ou

l'épanouissement splendide de l'aurore – pas plus dans la tristesse que dans la joie. Elle est dans ce que deviennent les mots atteignant l'âme humaine, quand ils ont transformé le coucher du soleil ou l'aurore, la tristesse ou la joie. Elle est dans cette transmutation opérée sur les choses par la vertu des mots et les réactions qu'ils ont les uns sur les autres dans leurs arrangements – se répercutant dans l'esprit et sur la sensibilité. »

Pierre Reverdy

Ami des peintres cubistes, il lui fit découvrir la peinture comme un art du silence, que lui-même allait habiller de mots.

Il lui présenta les artistes Picasso, Juan Gris, Modigliani, Max Jacob...

Il l'accorda à son époque artistique.

Dans ses rêves de femme ambitieuse il glissa tous les germes des avant-gardes.

Fuyant les artifices de Paris afin de privilégier son travail de poète, il se rapprocha de l'abbaye bénédictine de Solesmes, faisant, ainsi à l'inverse le chemin qu'elle fit depuis Obazine.

2

Il fait froid ce soir de mai à Paris (1917).

Il fait froid dans le cœur des artilleurs français qui en Picardie ont repoussé les Allemands au cours d'une bataille violente.

La guerre.

Elle porte un manteau de velours rouge foncé, ce 28 mai 1917, et se rend, insouciante de l'état du monde, à l'invitation de Cécile Sorel, excentrique comédienne adulée du public qui triomphe dans l'opéra-comique de Massenet *Manon en voyage* au théâtre Édouard-VII.

Accompagnée de Jean Cocteau récemment rencontré, ce sont ses premiers pas dans le cénacle des mondanités parisiennes.

Sa fulgurante notoriété de créatrice de mode intrigue autant que sa singularité de femme libre la rend irrésistible.

Paul Morand relate cette soirée de consécration parisienne dans son journal.

Il écrit :

« Cocteau raconte un dîner inouï, avant-hier chez Cécile Sorel. Il y avait les Berthelot, Sert, Misia, Coco Chanel qui, décidément devient un personnage... »

Paul Morand

Elle et Misia se rencontrent.

Une date.

Elles ne se quitteront plus.

Et lorsque vieillissante et malade, et toujours passionnément proches l'une de l'autre, Misia entreprend la rédaction de ses Mémoires, elle écrit :

« Elle me parut douée d'une grâce infinie, et, comme au moment de partir, je la félicitais d'un très beau manteau de velours rouge bordé de fourrure qu'elle était sur le point de revêtir, elle le quitta aussitôt, pour me le mettre sur les épaules, disant avec une charmante spontanéité qu'elle était trop heureuse de m'en faire cadeau. Je ne voulus évidemment pas l'accepter. Mais le geste avait été si joli que je la trouvais définitivement ensorcelante et ne pensai plus qu'à elle. »

Misia Sert

Elle dit :

« Je n'ai eu qu'elle comme amie. Nous n'aimons les gens que pour leurs défauts : Misia m'a donné d'amples et nombreuses raisons de l'aimer. Misia ne s'attache qu'à ce qu'elle ne comprend pas ; or, elle comprend presque tout. Moi je suis restée un mystère pour elle ; d'où une fidélité toujours démentie, mais qui, après des écarts, revient à sa constante. »

Gabrielle Chanel

3

Elle est habillée d'un pantalon de pyjama en toile blanche, un turban noué sur sa tête piqué d'une broche byzantine à reflets rubis, des espadrilles du Pays basque.

Sultane des temps modernes, assise à la terrasse de l'hôtel Excelsior au Lido de Venise, elle regarde l'Adriatique comme une mer étrangère.

Elle a choisi la villégiature qui est au carrefour des rendez-vous des mondanités occidentales et orientales appuyée sur l'histoire d'une ville dont elle a déjà décrypté le langage esthétique.

Il fait très chaud.

Elle pense que ce n'est pas une bonne idée d'avoir mis du rouge à lèvres.

Elle attend Misia.

Misia est rousse.

Une chevelure de flammes qui, détachée, retombe sur ses épaules laissant deviner une nuque qui ne laisse pas les hommes indifférents.

Toulouse-Lautrec et Vuillard peindront la nuque de Misia pendant que l'écrivaine Colette célébrera ses jambes.

Elle écrit :

« Encore une fois, comme je l'ai fait si souvent, je la prie : Misia, montre tes jambes ! Elle soulève sa jupe sur les plus belles colonnes qui aient jamais porté le poids d'un torse de femme, nous les laisse admirer un instant, puis s'en va jouer du piano debout. »

Colette

Renoir lui fait prendre une pose de reine pour un portrait aux couleurs cuivrées comme ses cheveux.

Renoir et Félix Vallotton peindront son portrait en robe rouge.

Misia est rouge.

Elle est parfois rouge corail comme les arbres étranges, inspirés de Chine, qu'elle compose avec des branches de coraux, des perles baroques, des pierres dures, collectées dans les échoppes des galeries de la place Saint-Marc à Venise.

Elle dit :
« Laisse donc ces Botticelli ; ces Vinci ; c'est infect, quelles ordures ! Allons acheter des coraux pour faire des arbres chinois... »
Misia Sert

Elle rend hommage à Misia à la fin de chacune de ses collections, lorsqu'un modèle rouge se glisse dans le défilé comme le phœnix de feu d'une partition de Stravinsky.

C'est un film.

Une femme se promène au bord de la mer.

L'Adriatique peut-être, avec en surimpression des partitions de musique.

Elle porte une robe, rouge comme ses lèvres, comme ses ongles vernis.

Rouge.

Elle sourit.

L'homme qui l'accompagne a le visage effacé dans l'ombre de son borsalino et regarde devant lui.

Elle se retourne et regarde la mer.

Elle rit.

Elle voit ce que personne d'autre ne voit dans le sillage de son parfum, tout un orchestre émerger de la mer.

La magie d'un parfum a le pouvoir de réveiller l'imaginaire visionnaire de la femme.

Il hallucine.

4

Ils se rencontrent chez Misia Sert (1919).

Chacun reconnaît en l'autre le silence provincial de leur origine. Leurs gestes, leurs paysages, leurs mots ne trouvent pas facilement leur place dans le salon parisien de Misia.

Ils se rapprochent.

Le séjour à Obazine l'avait préparée à l'émotion des mots particuliers, puis ses lectures, qui grâce à Boy Capel s'étaient enrichies de titres plus substantiels que les romans de jeune fille, l'ont aidée non seulement à amplifier ses connaissances mais à être attentive aux matériaux spécifiques de l'écriture.

Pierre Reverdy incarne cette émotion et ses poésies forgées à l'amitié de la peinture d'avant-garde de Picasso et de Braque, s'ouvrent sur le monde d'aujourd'hui.

Il lui présente ses amis Max Jacob, Apollinaire, dont elle collectionnera livres et manuscrits.

Pierre Reverdy renouvelle la poésie en ce début du XXe siècle. Il emprunte aux peintres cubistes le procédé du papier collé qui permet de rapprocher et d'associer des images opposées pour créer une image « choc » à la fois visuelle et sensorielle. Ainsi, la rencontre de mots au contenu éloigné les uns des autres peut faire surgir au lecteur une émotion poétique surprenante.

Les surréalistes sauront s'en saisir.

Il écrit :

« Rien ne vaut d'être dit en poésie que l'indicible, c'est pourquoi l'on compte beaucoup sur ce qui se passe entre les lignes. »

Pierre Reverdy

Ce libre-penseur, qui a choisi Dieu à l'aveugle, délaisse les mondanités de Paris et se réfugie dans une maison adossée à l'abbaye bénédictine de Solesmes. C'est dans ce lieu qu'il reçoit les échos mystiques qui nourrissent sa foi en l'écriture (1937).

Chaque livre du poète lui est dédicacé par la tendresse d'une phrase.

Chaque livre, accompagné d'un C majuscule écrit au crayon à papier sur la page de garde, est confié à Germaine Schroeder pour la création d'une reliure originale.

Solitaire, elle vit dans ses mots.

Il est son miroir de mots qu'elle appellera lorsqu'elle décidera de rédiger quelques *Maximes et Sentences* pour le journal *Vogue* dans une mise en pages de style médiéval tellement anachronique par rapport au contenu (1938).

Les dénis de la mode.

Elle emprunte à la poésie de Pierre Reverdy son langage détonateur avec lequel elle construit ses vêtements et demeure toujours dans l'extrême rigueur de la pensée de son projet.

Comme lui.

Il y a cette ligne qui leur a été tracée et dont ils ne peuvent s'écarter.

Il écrit :

« Des lignes, rien que des lignes, pour la commodité des bâtisses humaines. »

Pierre Reverdy

L'essentiel.

Faire une œuvre.

5

Raymond Radiguet disparaît.

Jean Cocteau dans les vapeurs d'opium, identifié depuis toujours au poète du mythe célébré par Ovide et Virgile, Orphée, descend aux Enfers chercher les mots de l'âme de son ami une étoile sur les lèvres (1923).

Passage des mondes.

Elle l'accompagnera à travers ce nouveau miroir.
Cures de désintoxication, villégiatures dans le Midi, prises en charge de ses besoins.

Elle a les gestes du bon sens.

Dans une de ses lettres, Max Jacob confie à Jean Cocteau.

Il écrit :
« Est-ce qu'il y a des noms qui portent bonheur ? Deschanel, Chenal, Chanel (canal, chenal, cannelle...) » et encore « J'aime cette belle Chanel qui te donne des maisons au bord du Nil. »
Max Jacob

La pièce s'appelle *Orphée* (1926).

Une fois encore le poète explore l'invisible aux confins des étrangetés de la mort.
L'ange brutal, Heurtebise, porteur des transparences du poète, sera son passeur dans ce voyage.
À la demande de Jean Cocteau, elle habille les artistes de la pièce représentée au théâtre des Arts (1926).

Jean Cocteau prépare le montage de son film *Orphée* (1948).

Il est à New York.

C'est le mois de décembre.

Il écrit :
« Coco chérie, je viens de voir Dalí et nous avons parlé de toi tendrement. Je te souhaite toutes les chances. Ce qui est ridicule puisque tu es La chance. »
Jean Cocteau

Aujourd'hui, le flacon du parfum est rond.

Rond comme les boules de cristal qui sont dans l'appartement du 31, rue Cambon à travers lesquelles on ne voit que les reflets du même monde.

Rond comme un miroir de sorcière des tableaux de van Eyck.

Infranchissable.

Le parfum s'appelle Chance (2003).

6

Notre-Dame de La Pausa est une chapelle du XVe siècle qui domine la baie de Roquebrune-Cap-Martin.

Des fresques à motifs végétaux qui ont été peintes sur les parois intérieures en 1883 sont rattrapées par la réalité d'une végétation méditerranéenne qui s'étend en contrebas.

Une bâtisse de proportions généreuses, flanquée de maisonnettes annexes, domine la Méditerranée que l'on devine entre les oliviers centenaires, les touffes de lavande et les rosiers rustiques.

« La Pausa ».

Elle a fait construire cette villa afin que le duc de Westminster, depuis la fenêtre de sa chambre, voie son bateau bouger, amarré au port.

Elle y accueille ses amis (1930).

C'est la maison de sa famille de cœur.

Si l'architecte qu'elle sollicite pour cette construction l'entraîne vers le plan d'une villa de style méditerranéen, elle imposera les images fortes de sa jeunesse.

Son lieu secret.

Obazine.

Elle descendra, reine de l'élégance, victorieuse de ses fantasmes, le grand escalier de pierre de « La Pausa », inspiré par celui qu'elle descendait avec les pensionnaires de l'orphelinat, l'Escalier des Moines qui les conduisaient à l'abbatiale corrézienne.

Ses amis de cœur ne seront plus deux par deux mais dans le désordre d'une gaieté de vacances familiales.

Salvador Dalí et Gala, hôtes pour plusieurs mois à « La Pausa », choisiront l'escalier comme décor pour le reportage photographique d'un magazine.

Le patio, attribut architectural méditerranéen, s'est transformé en cloître, comme en témoignent les colonnades de la galerie.

Au centre, un vieil olivier, à l'inverse du puits d'Obazine, va chercher ses sources dans le ciel de Provence.

« La Pausa » est une propriété apaisante.
Une maison *sommeillante*.

Misia, Salvador Dalí et Gala, Pierre Reverdy, Serge Lifar, Diaghilev, Luchino Visconti, René Clair, Georges Auric sont ses invités.

Jean Cocteau, cherchant le repos après une cure de désintoxication, séjournera régulièrement dans une maisonnette indépendante appelée « La Colline » en contrebas de la propriété.

Il écrit :
« La vie des fleurs, des arbres, de l'herbe me ressuscite. J'avais oublié les grenouilles, etc. Si tu téléphones à Coco, dis-lui bien que sa bonté me sauve encore et que Roquebrune prolonge le travail des St Cloud. Pourvu qu'elle n'abandonne pas sa villa ! je retomberais à l'eau. Mille ouvriers bâtissent dans les roses. Je t'embrasse. Jean »
Jean Cocteau

Dans le jardin, entre les pins maritimes pousse un incertain mélange floral *à l'anglaise*, semble contrarier le site méditerranéen des lieux. Elle l'a imaginé pour charmer le duc de Westminster qui a très vite détourné son regard de « La Pausa ».
Mais l'air de la mer, l'ardeur du soleil, la force de vivre ses rêves, de rassembler ses amis accompagnateurs et constructeurs de sa réussite, la propriétaire fait de ce jardin une sorte d'antidote à la rigueur d'Obazine, sources architecturales de la maison.

C'est un jardin chantant.

Les chœurs des cigales recouvrent les airs de piano de Misia ou de Georges Auric.

Au crépuscule la mer, pourtant lointaine, laisse monter des sonorités soyeuses lorsque appuyée sur le mur à l'extrémité de la propriété elle regarde vers Monaco.

Elle attend.

L'aménagement intérieur de « La Pausa » est le même principe d'assemblage que la composition de ses vêtements : contraste entre l'architecture sévère de la maison et les pièces de mobilier Grand Siècle espagnol.

Sa ligne.

Une touche anglaise dans le mode de vie et le service rappelle la présence passagère du duc de Westminster.

Mais qui pouvait soupçonner l'empreinte d'Obazine et celle de ses livres d'histoire qui se déployaient sur les murs et le choix du mobilier ?

On prend ses repas sur une table de monastère.

Chez elle, pour la première fois.

Elle insiste auprès des artisans sur la patine des matériaux de sa maison.
Tout doit correspondre à une image fixée dans sa jeunesse ; rendre son passé présentable.

« La Pausa » est dans sa vie depuis toujours.
Sa maison d'enfance.
Un héritage de la mémoire.

Dans sa chambre, au-dessus d'elle, une grande étoile en métal est accrochée aux ferronneries de son lit.

P

PASSIONNÉE

1

Elle accompagne Boy Capel visiter l'exposition du Salon d'automne au Grand Palais (1909).

C'est la première fois qu'elle découvre un espace entièrement consacré à la peinture.

Une exposition.

L'abbatiale d'Obazine était dépouillée de toute représentation selon la règle cistercienne, et les quelques chromos aux couleurs passées, dispersés dans les espaces conventuels de l'abbaye, n'ont jamais retenu son regard.

Seules les images pieuses et les gravures de ses livres, qu'ils soient religieux ou scolaires, pouvaient lui donner une idée de l'art.

À Moulins, ce sont les décors du café-concert La Rotonde, couchers de soleil et vues de Paris, grassement peints sur des panneaux mobiles, qui pouvaient lui donner une idée de la peinture. Plus tard, elle transportera les paravents de Coromandel dans chacune de ses demeures parisiennes, comme autant de décors mobiles imaginant différentes scénographies.

Nomade.

Sous les voûtes du Grand Palais, dans la démesure de ce temple temporairement consacré à l'art, elle pense que si un lieu avec autant d'ampleur est offert à la peinture et s'il y a autant de polémiques dans les conversations et dans les journaux à son sujet, c'est que cet art contient quelque chose de précieux, mais qui lui est à ce jour encore inconnu.

Attiré par l'art plutôt symbolique hérité du XIXe siècle, Boy Capel l'écarte des tableaux cubistes de Fernand Léger, Metzinger et des touches futuristes de peintres italiens qu'elle découvre, intriguée.

Du jamais-vu.

Elle ne sait pas encore ce que le cubisme de Picasso et de Braque, précurseurs des peintres qui l'intéressent dans ce Salon d'automne de 1909, offrira à ses propres créations.

L'abstraction des vitraux et l'austérité de l'architecture d'Obazine l'avaient déjà préparée à penser autrement que par les effets d'un récit.

Les matières les plus humbles, l'assemblage de matériaux aussi simples que pauvres qui explorent la technique des papiers collés, les tons rompus, naturels, autant d'inventions plastiques qui vont révolutionner une époque au-delà de la peinture.

Tout ce qu'elle exprimera.

Elle a l'intuition que c'est dans tout ce qu'elle ne connaît pas, dans l'exploration de l'inconnu artistique que la peinture lui assigne que se jouera quelque chose de sa vie, qu'elle pourra occuper cet espace déclassé du monde à l'oubli de son passé.

Il faut que sa vengeance se réalise dans l'art.

2

C'est le premier jour du printemps à Paris.

Elle porte une robe noire.
Elle est seule.

On la remarque.

Elle assiste à cette cérémonie sacrificielle slave.

Sur scène les danseurs de Nijinski s'adonnent à un rituel réaliste qui peut surprendre un amateur de danse classique.

C'est la musique qui la transporte.

Des sons inconnus qui sans aucun effet descriptif la percutent et font surgir des sensations lointaines ; une violence terrienne ancestrale, des chants universels dont elle croit reconnaître les origines et qui se mêlent à elle et à cette jeune vestale offerte aux dieux et qui ne saurait être elle.

Une détonation.

Quelle forme donner à ses créations qui rendrait compte de son ressenti, après le spectacle du *Sacre du printemps*, ce soir-là, au théâtre des Champs-Élysées, comment s'accorder à cette musique dont elle sent le devenir historique, comme le scandale qui éclate le préfigure (1913).

Elle sent les excès d'une différence.

Elle ne sait pas.

PHOTOGRAPHIÉE

1

Elle, elle s'invente.

C'est une photographie.

Aux courses de chevaux, ce pardessus d'homme en drap très lourd, trop ample pour elle, cette chemise blanche cravatée, un canotier minuscule appuyé sur le front, elle, *l'irrégulière*, mains dans les poches, sourcils aussi noirs que son regard, toise la mascarade des cocottes emplumées (1910).

Elle n'accompagne personne.
Elle ne parie que sur elle-même.

Dans cet hippodrome elle est tenue à distance du monde social de l'homme qui assure sa protection et lui offre ses premières sorties publiques.

Sans lui.

Elle est son propre enjeu.

Il écrit :
« Aux courses, Mademoiselle Chanel porte la gabardine d'un étudiant anglais ; à l'Opéra, un gilet jusqu'à la taille et une jupe courte qui n'entrave pas ses mouvements et met en valeur son allure athlétique, jeune et racée. »
Jean Cocteau

Son corps de jeune animal, hanches étroites, poitrine menue, était un défi aux femmes qui ont franchi le siècle en surpoids, la taille maintenue par des corsets baleinés.

Sa taille à elle est libre de toute contrainte, beaucoup plus libre que son esprit qui commençait à peine à s'exercer à la conquête de la liberté.

Elle s'invente.

Instinctivement, elle habille son mystère.
Elle le fera toute sa vie.
Elle ne sait pas encore qu'elle vient de si loin et qu'elle travaillera sa vie « de l'intérieur vers l'intérieur », créant son histoire, tout en transformant celle des femmes.

La belle étoile d'Obazine commence à scintiller sur ce champ de courses.

2

À Paris en ce mois d'octobre, elle se rend à l'invitation du *Comœdia illustré* au studio de prises de vues du magazine (1910).

Jeune modiste remarquée, elle a choisi un chapeau de velours aux bords très larges incurvés en ellipse qui découvre la partie gauche du visage.

D'une forme en tissu plus léger, qui pourrait ressembler à une fleur, s'élancent deux aigrettes blanches dont le mouvement est parallèle à celui de la collerette blanche de son vêtement, qui esquisse les prémices d'un col marin.

Le chapeau, qui a l'air d'un chapeau de mousquetaire, est un emprunt à la fois à son imaginaire de lectrice (elle a lu les livres d'Alexandre Dumas) et à quelques-uns de ses héros masculins.

Coiffée d'un chapeau de soldat, les yeux baissés, le sourire à peine prononcé, elle semble s'amuser du paradoxe de cette photographie ; ce joli visage de jeune femme sournoisement pudique, c'est elle, mais combattante comme un homme.

Sa création franchit la porte de l'intime.

Sa première parution dans un magazine culturel, c'est elle qui en énonce et porte le sens.

Elle est le modèle projeté de ce double qu'elle est en train d'inventer avec, déjà, tous les signaux artistiques annonciateurs d'une œuvre singulière.

3

Certains jours, elle fait semblant d'oublier son enfance.

Sa voix n'est plus la sienne, elle sort les mains de ses poches, elle supprime deux ou trois sautoirs de perles autour de son cou, espace ses cigarettes ; son allure impose un accent de féminité maladroite.

Elle abandonne son chapeau.

Elle esquive le social parisien de ses élégantes.
Elles n'ont pas les mêmes règles.
Très vite elle leur adresse les silences blancs de son sourire, le croisement de ses jambes.

Ses réponses.

Les décors où elle évolue en dehors des ateliers de la rue Cambon la fragilisent.
Ils parlent ce qu'elle ne saura jamais parler.
Ils sont ce qu'elle n'est pas.
Il fallait qu'elle s'approche des faux-semblants de cette société pour comprendre que, s'il y a de toute évidence une reconnaissance notoire pour son travail, il n'y a pas de place pour elle.

Elle glisse du côté de l'ombre.

C'est son travail qui est dans la lumière.

Ce sont les photographes, ces artistes du contemporain, qui trouveront sa différence et qui en feront une légende.

Et de ces images elle fait une arme : une galerie de portraits dont elle devient le modèle qui marque l'histoire de la photographie au XXe siècle.

Ces portraits seront les paroles profondes de son idéal de femme imaginé depuis l'enfance.

Ce que sa réalité de femme ne lui donne pas, l'imaginaire de sa jeunesse le lui donnera.

Les photographes qui iront le chercher très loin dans ses différences.

Elle a quarante-sept ans.

Elle est assise en amazone sur le rebord d'un tabouret de cuir, dans le studio de son ami l'artiste photographe Man Ray (1935).

Les perles sont en surcharge, les manchettes byzantines menottent ses mains dans les poches d'une robe de jersey noir qui recouvre ses genoux.

Man Ray radicalise la découpe graphique du profil de son modèle sur la lumière de son objectif.

La cigarette aux lèvres est le radar d'un affranchissement.

Elle incarne l'inconvenance féminine.

L'art d'inventer une vie.
Un style.
Un manifeste.

Elle regarde plus loin que ce qu'elle voit.

Elle écrit :

« Si chaque visage humain porte la ressemblance d'une bête à bec, à museau, à naseaux, à mufle, à trompe, à crinière, Mlle Chanel est un petit taureau noir. »

Colette

Il écrit :

« On est heureux de voir avancer sur les marécages où notre prestige stagnait un peu la merveilleuse petite tête de cygne noir d'une personne qui, autant que les poètes, dédaigne la frivolité et la fantaisie. »

Jean Cocteau

Un animal.

4

Si la marinière, le tricot rayé, est le sous-vêtement des militaires russes, il fait écho sur les plages de Normandie au XIXe siècle aux corps des marins et des pêcheurs français.

Elle saura se saisir de l'histoire, de ce vêtement, du rythme de ses rayures et des jeux du nombre des rayures qui a fait office d'un décret en 1858.

Il dit :
« Le corps de la marinière devra compter 21 rayures blanches, chacune deux fois plus large que les 21 rayures bleu indigo larges de dix millimètres, espacées de vingt millimètres et sur les manches, quatorze rayures bleues espacées de vingt millimètres. »
Bénédicte Lutaud

Son premier atelier parisien est à l'étage du 21 de la rue Cambon. Elle ne sait pas encore la force insistante des chiffres qui vont ponctuer sa vie : le 19, le 5, le 22.

Elle est dans le jardin de « La Pausa » (1932).

Un été.

Les cheveux sont plus courts que d'habitude, les mains plus profondément enfoncées dans les poches de son pantalon de marin en jersey.
La lumière forte du midi dénature le dessin de la végétation, donnant une impression picturale qui apparente la photographie à un tableau de Bonnard.

Elle porte une marinière.

Le monde entier se retournera sur cette photographie, le monde entier adoptera ce vêtement apporté poétiquement par le vent du large.

Vêtement militaire, la marinière, comme une poésie de la mer, sera citée dans toutes ses collections, comme un emblème masculin-féminin de liberté.

5

C'est une photographie.

Hoyningen-Huene.

Une médaille, inspirée d'une décoration militaire, est accrochée au revers de sa veste de tweed déposée sur l'accoudoir d'un fauteuil, dans cette pièce, peut-être un bureau, où elle feuillette les images abstraites d'un album d'échantillons de tissus.

Derrière elle, sur le mur, deux reproductions d'art se chevauchent.

L'ange de *L'Annonciation* de Simone Martini (1333) tend un rameau d'olivier à la Vierge Marie.

C'est l'archange Gabriel, son compagnon céleste.

La lumière surnaturelle est dorée.
Le pan de tissu noué autour de son cou ressemble à une étoffe de coton écossais ; il s'échappe en arabesque tourmentée dans l'ogive gauche du tableau.

Dans ses plis, le vent décrit le voyage de l'ange.

C'est l'ange de ses prières.

L'ange protecteur de son étoile.

Il parle.

La partie droite de l'image, représentant la Vierge Marie assise sur son trône gothique, inquiétée par cette apparition divine ; un livre marqué de ses doigts à la main gauche est caché par une page arrachée à la couverture du magazine *Vogue* dessinée par Salvador Dalí (1939).

Les femmes-fleurs de Dalí évoluent sur une vaste place désertée à l'extrémité de laquelle le squelette d'un bateau est accosté.

L'ange parle aux femmes-fleurs des vanités de la mode.

L'atmosphère métaphysique de la peinture, une aquarelle à l'origine, accentue la symbolique irréalité des métamorphoses féminines.

6

Elle refuse son portrait (1923).

Le portrait de cette vestale assise, la main appuyée sur sa tempe dans les vapeurs de mousselines bleues, caressant un caniche alors qu'une colombe se sent menacée par un chien plus puissant ; ce n'est pas elle.

Seuls détails éloquents, le tissu rayé apparenté à un motif de marinière, sur lequel elle s'appuie, et le noir intense de l'écharpe qui révèle ses yeux et sa chevelure.

Des anecdotes.

Elle retourne le portrait qui a été commandé à Marie Laurencin. L'artiste restant fidèle à son style, furieuse, ne lui en proposera pas un autre.

Elle est la seule à pouvoir s'interpréter elle-même.
La photographie lui permettra de jouer tous les rôles à l'instant où elle a quelque chose à dire sur elle.

C'est une photographie.

Elle rejoint le studio de *Vogue* à l'invitation du photographe et ami Horst P. Horst (1937).
Quatorze années après le portrait de Marie Laurencin, assise avec souplesse sur une bergère, main appuyée à la tempe, vêtement noir, médailles, bracelets et manchettes, parfois une cigarette, dans un décor opulent de sculptures en bois doré, elle affirme la plénitude de la conquérante.

Elle maîtrise son projet.

La création d'un style.

La rencontre avec elle-même est événementielle.

Elle imprimera ces photographies, et le portrait devenu officiel sera offert avec une dédicace aux journalistes, à ses amis.

Elle est seule.

7

Le ciel du Nord est exceptionnellement clair.

Ensoleillé.

Elle, elle est étendue sur une plage.
Elle porte un maillot de bain échancré sur les cuisses.
On la regarde.
Surprise, elle se relève sur les coudes.

Elle invente le soleil.

R

REGARDÉE

1

Le caricaturiste Sem, incontournable chroniqueur de la vie mondaine de Deauville, transforme le joueur de polo Boy Capel en centaure, tenant dans ses bras la jeune modiste dont le succès de la boutique, récemment ouverte rue Gontaut-Biron, est indéniable (1913).

L'image est publiée dans son album *Tangoville-sur-Mer.*

Si l'enseigne de la boutique, GABRIELLE CHANEL en lettres blanches sur fond noir, présente presque autoritairement un nouvel état d'esprit esthétique dans la cité balnéaire fréquentée par les Parisiens, elle rend public un nom dont il va falloir créer l'histoire.

C'est le premier chapitre de la mythologie CHANEL.

Le regard précède les mots à Deauville encore plus qu'ailleurs.

Les élégantes qui se déplacent du casino à l'hôtel Normandy récemment ouvert découvrent inévitablement la boutique GABRIELLE CHANEL et sa propriétaire dans sa tenue blanche et beige un peu déformée aux coudes et aux genoux.

Une aumônière tient lieu de sac à main.

Il n'y a pas encore de mots pour nommer les vêtements qu'elle porte, aucun mot pour nommer les matières dont ils sont confectionnés ; le terme de « chapeau » semble lui aussi ne pas convenir.

Il y a, à Deauville, comme un craquement d'époque, une sorte de désordre, le regard porté sur soi ne reconnaît pas encore les grondements d'un monde nouveau où la femme sera une femme à la seule enseigne d'elle-même.

2

Guillaume Apollinaire casse les mots en images typographiques lorsqu'ils n'ont pas la réalité qu'il espère.

C'est l'enseignement de ses amis cubistes.

Les calligrammes.

« Mais ici comme ailleurs je le sais la beauté
N'est la plupart du temps que la simplicité. »
Guillaume Apollinaire

Il ne fait pas très chaud à Deauville en cette fin du mois de juillet lorsque la réalité de la mobilisation pour la guerre est placardée sur les murs de la ville (1914).

La « reine des plages » se retire de Deauville, les musiques s'arrêtent, les tapis de jeu se retournent, une petite voiture écrite de mots quitte la ville, roule vers Paris.

L'envoyé spécial de *Comœdia*, en charge d'un reportage mondain, redevient le poète Guillaume Apollinaire.

Il n'ira pas jusqu'à la mer.

Dans la petite voiture où les mots se cabossent dans sa tête.

Il écrit :
« Je n'oublierai jamais ce voyage nocturne où nul de nous ne dit un mot... » (1913)

« Il se dirigeait vers Paris. Il quittait Deauville, cette Pompéi où, dans la rue Gontaut-Biron, Gabrielle Chanel demeurait accrochée à sa boutique comme une naufragée à une bouée. »
Léon Bailby

Elle, elle ne sait pas très bien la guerre.

Les élégantes parisiennes s'éloignent le plus possible du front, installent leur vie à Deauville et à Biarritz ; et leur dressing aussi.

3

Deauville en hiver.

Aux ciels instables d'Eugène Boudin peignant la plage de Deauville, Jean-Baptiste Corot oppose dans ses tableaux une volupté picturale souple et sensuelle et Monet réchauffe les falaises d'Étretat, d'ocres sablés inattendus.

Entre l'Angleterre et la France, l'île de Jersey est une île rêche, avec des falaises à pic sur ses mystères.

Elle a donné son nom à cette maille, devenue le tissu protecteur du froid aussi bien que de la chaleur, régulateur thermique du corps dont l'élasticité de sa texture tricotée, laine, coton, viscose, soie, accompagne chaque mouvement.

Le jersey, matière de prédilection des sous-vêtements masculins, tricots de peau, maillots de corps, est un tissu normand.

Insulaire.

Il n'y a pas plus personnel, pas plus intime que le jersey.
Protégé, par les vêtements, un détail de sa présence qui le laisserait apparaître devient celle d'un corps secret, un signe de désir.

Elle apparaît, au grand jour de Deauville, habillée de l'étendard de son histoire d'amour comme une femme de la Renaissance, dont elle admire la vêture, arbore les couleurs de son favori au cours d'un tournoi.

Mais ici, le tissu n'est pas aristocratique.

Il n'est pas digne d'un vêtement puisqu'il est à même la peau de celui qui le porte et que celui qui le porte est celui que l'on ne montre pas.

C'est un tissu caché.

Tricoté à la machine, sans noblesse.

Elle dit :
« Une robe du soir, c'est ce qu'il y a de plus facile. Le jersey, c'est autre chose ! Une belle étoffe, c'est beau en soi, mais plus une robe est riche, plus elle devient pauvre. »
Gabrielle Chanel

Le jersey.

L'intime devient public.
Le caché, exhibé.

Le geste d'appropriation d'un tissu destiné aux hommes est provocateur.

On ne parle pas encore de modernité.
On ne parle pas encore de masculin-féminin, mais de la seule nécessité d'une femme à exprimer sa liberté.

Elle choisira deux qualités de jersey (1916).
Celui en laine naturelle, chaleureux de texture, couleur des sables d'Étretat à l'aube, l'autre luisant, une maille en soie subtilement serrée, couleurs de la plage de Deauville au crépuscule.

La marinière uniforme de travail officiel des matelots est le symbole emblématique d'une masculinité aussi gradée que baroudeuse.
Son regard l'a capturée sur les hommes d'équipage des bateaux du port de Deauville.

Enveloppant les hanches, ceinturée du même jersey, elle transforme la marinière en un confortable vêtement féminin habité par les épigrammes de la masculinité.

Elle ajuste le vêtement à ses propres gestes : des poches qu'elle élargit sans cesse en les creusant de la nervosité de ses mains ; une jupe à plis creux, légèrement raccourcie, dévoilant la cheville, qui n'est pas sans rappeler la forme des uniformes des pensionnaires faits pour durer longtemps, pour marcher vite, pour élargir le pas et devancer celui des hommes.

Dans un jardin, au cours d'une promenade, elle coupera une fleur de camélia blanc qu'elle piquera à sa taille.

C'est un film.

Fluide.

À Deauville, ils se parlent d'amour.

Ce ne sont pas que des mots.

C'est un sac à main en cuir noir matelassé avec une chaîne dorée entre eux.

Entre-temps, ce sont des robes volantes, des cardigans ceinturés, des manteaux longs qui parlent d'amour et se glissent entre les images d'un homme et une femme comme pour habiller d'aujourd'hui les paroles et les images d'amour d'hier.

Le ciel est cinématographique, curieusement californien.

Inévitablement contemporain.

Au restaurant ils sont en tête à tête.
De la baie vitrée on perçoit nettement la mer qui mange le ciel.

Les cormorans.

Deauville.

La chevelure brillante, elle se retourne brusquement vers le sourire de l'homme et s'adresse au maître d'hôtel.

Elle dit :

« Vous avez des chambres ? », en référence au film de Claude Lelouch *Un homme et une femme* (1966).

RÉGENTÉE

1

Elle écrit :

« ... J'aime que Catherine de Médicis ait poussé le souci de régner en femme, avec des armes de femme, jusqu'au point de constituer autour d'elle cet escadron volant de belles filles dont le moins qu'on puisse dire c'est qu'elles savaient admirablement, pour des fins diplomatiques, se servir d'armes naturelles que de tout temps les femmes prodiguèrent à l'aveuglette comme la fortune et comme l'amour. »

Gabrielle Chanel

Elle rêve d'une reine.

Mais connait-elle suffisamment la vie de la régente Catherine de Médicis pour en faire son apologie dans *La Revue des sports et du monde* (1936) ou bien reste-t-elle sur les images fantasmées d'une reine puissante, parfois en noir et blanc comme une religieuse, parfois en robe de brocart sur les tableaux des maîtres de la Renaissance ?

Elle pense à une mère archaïque idéale, combattante, dont le pouvoir serait de gagner une revanche sur les disgrâces de la vie.

Un conte.

Fascinée, elle en capte tous les atours : lamés, brocarts, soieries, bijoux, fourrures.

Cette silhouette qu'elle a dépouillée de tout ornement superflu, voici qu'elle l'habille des images de ses livres d'histoire.

Loin des vitraux d'Obazine, elle emprunte à Catherine de Médicis son chiffre aux doubles C entrelacés comme pour sceller un pacte entre femmes.

C'est de ce paradoxe d'entrelacs, entre le jersey rêche et le lamé richement brodé, que naîtra le style CHANEL.

2

Dans l'entrée de l'appartement du 31 de la rue Cambon, un miroir en bois doré redessine l'hexagone de la place Vendôme. Au centre de son cadre, un aigle à deux têtes, symbole de l'Empire byzantin, rappelle les armes de la Russie impériale et sa domination sur l'Europe et l'Asie.

L'âme slave la fascine.

Elle dit :
« Tout Occidental doit avoir succombé au “charme slave” pour savoir ce que c'est. Tous les Slaves sont distingués, naturels, et les plus humbles ne sont jamais communs. »
Gabrielle Chanel

Si l'ironie d'une revanche sociale lui fait employer dans sa maison de couture aristocrates et artistes russes, approfondir cet univers artistique oriental, dont la découverte a été esquissée à Venise, a fait exploser des idées de fastes créatifs baroques qui étaient bien tenues secrètes dans l'austérité cubiste et cistercienne des avant-gardes russes.

Ors, lamés, pierreries, fourrures, parfums mais aussi construction et géométrie, artisanat brodé et couture rigoureuse s'opposent et se complètent dans la garde-robe des élégantes.

La sœur du grand-duc Dimitri, la grande-duchesse Marie Pavlovna, crée un atelier de broderie nommé KITMIR qui travaillera exclusivement pour CHANEL pendant plusieurs années.

Elle dit :
« Ce sont les Russes qui ont appris aux femmes qu'il n'est pas déshonorant de travailler. Mes grandes duchesses faisaient du tricotage. »
Gabrielle Chanel

Le prince Serge Koutousoff devient son secrétaire particulier et son homme de confiance.

Lorsque le poète géorgien, Iliazd Zdanevitch, arrive à Paris après un long périple européen, il rencontre les artistes dadaïstes et ses amis compatriotes russes exilés Sonia Delaunay, Michel Larionov, Natalia Gontcharova (1921).

Il est employé par l'usine des « Tissus Chanel » à Asnières, pour dessiner des motifs des tissus en jersey (1928-1933).

Il tisse les mots de ses poèmes à ceux plus abstraits des fils de laine des modèles jacquards de la maison CHANEL des années trente, ainsi le texte et le textile entrelacent les pensées d'une époque.

Des mots poétiques inconscients se nouent aux fils de laine ou de soie de la raison, faisant apparaître des images inattendues.

Il sollicitera les peintres Paul Mansourov, Léopold Survage pour dessiner des motifs.

Toutes les créations textiles qui sortent des usines d'Asnières sont nourries par la poésie graphique d'Iliazd et par cette âme slave qu'elle affectionne.

Lorsqu'il quitte son emploi pour se consacrer à ses recherches textuelles et à l'édition d'ouvrages illustrés par les plus grands artistes de l'époque, dans une lettre il s'adresse à elle.

Il écrit :

« Il me faut beaucoup de courage pour accepter l'idée de me séparer de vous après tant d'années de collaboration étroite et permanente pendant lesquelles j'ai apprécié tout votre génie. Et je vous exprime tous mes remerciements d'avoir bien voulu reconnaître la valeur de mon travail et de mon dévouement au cours de cette collaboration, et croyez que le bon souvenir de cette collaboration sera le plus durable. »

Iliazd Zdanevitch

Elle est seule dans l'appartement, lit le message et boit un verre de vodka ; alcool de blé.

3

Elle cherche à conquérir les privilèges que son enfance ne lui a pas donnés.

La notoriété obtenue par son talent, la fortune, ce n'est pas suffisant.

Elle a un rêve de princesse ; comme dans les romans.

Boy Capel et Pierre Reverdy ont ouvert les espaces où s'est activée sa sublimation créatrice.

À travers les mots de l'amour, elle a entendu les images d'une femme nouvelle à qui elle a inspiré des gestes encore inconnus.

C'est la création d'un nouveau monde, des paysages inventés, sans jamais à aucun moment s'éloigner de ses sources mais en gardant toujours le rictus d'une revanche au coin de ses lèvres.

Les ducs sont arrivés et redessinent l'espace social de la créatrice et de la femme d'affaires qu'elle est devenue.

Elle s'éloigne des ateliers de Montmartre et de Montparnasse, ce *Nord-Sud* cher à Pierre Reverdy, pour les villas de luxe de la côte basque de l'un et les décors gothiques des châteaux en Écosse de l'autre.

Le grand-duc Dimitri Pavlovitch est orphelin de mère.

Personnalité de la famille impériale de Russie en exil en France.

Ils se rencontrent à Biarritz où les Romanov avaient conservé quelques belles villas du temps de leur splendeur.

Ils deviennent amants (1920).

Elle dit :

« Il y a chez tout Auvergnat un Oriental qui s'ignore : les Russes me révélaient l'Orient. »

Gabrielle Chanel

C'est à Paul Morand qu'elle se confiera dans les salons du Grand Hôtel de Saint-Moritz (1947).

Le grand-duc épousera cinq ans plus tard une riche Américaine.

Hugh Richard Arthur Grosvenor, deuxième duc de Westminster, est un proche de George V, roi du Royaume-Uni.

C'est un homme élégant, sportif et fin amateur de chevaux. Il est propriétaire de nombreuses résidences, en France, en Écosse.

Ils se sont rencontrés à Monaco (1924).

Ils se quitteront sur les hauteurs de Roquebrune, où elle a fait construire « La Pausa », vaste demeure de villégiature.

S'animent alors les illustrations de ses livres d'images et se disent les mots des romans de sa jeunesse.

Avec l'un, elle accomplira le rêve amoureux de la femme protectrice, avec le second, celui de la femme protégée.

Chaque duc porte avec lui l'histoire d'une couronne impériale, mais l'ultime marche à monter pour un couronnement, la petite modiste auvergnate ne la montera jamais.

Sa vengeance sera planétaire.

Elle pillera le vestiaire de ses amants et transformera leurs liaisons d'un coup de ciseaux.

Cachemires, tweeds, broderies kitmir, roubachka, pelisses de fourrure, tunique de moujik habilleront les élégantes du monde entier qui n'ont pas besoin de savoir qu'une robe peut naître d'une histoire d'amour.

RENCONTRÉE

1

Elle dit :

« Un monde finissait, un autre allait naître. Je me trouvais là ; une chance s'offrait, je la pris. J'avais l'âge de ce siècle nouveau : c'est donc à moi qu'il s'adressa pour son expression vestimentaire. »

Gabrielle Chanel

En ce début du XXe siècle, le monde épris de changement bascule.

Tous les secteurs d'activité se remettent en question.

L'art, précurseur comme toujours, signe et accompagne cette révolution qui a un nom : le cubisme.

Les artistes du monde entier se sont donné rendez-vous à Paris avec la forte conviction de construire un monde nouveau, initié par un Espagnol séjournant dans la capitale, Pablo Picasso.

Tons rompus, matières ordinaires, représentation des objets quotidiens qui deviennent des modèles picturaux, fragmentation des plans, introduction d'éléments réels sous la forme de collage : une révolution.

Elle ne sait rien de tout cela.

Ressent-elle, comme les artistes, la morosité d'une époque qui va basculer dans la guerre ?

Exprime-t-elle naturellement ses ressentis du monde à travers les vêtements qu'elle confectionne pour elle et qui seront très vite remarqués comme indispensables à la femme du nouveau siècle ?

Une coïncidence.

Ou bien, délibérément comme ces artistes qu'elle ne connaît pas, faire une révolution ?

Mais que cherche-t-elle dans les matériaux de son travail sinon à donner une forme à l'idée qu'elle a d'une différence ?

Elle est l'instrument d'elle-même.
Elle l'imposera aux femmes.

Sans connaître encore les protagonistes de ce nouveau mouvement qui balaye l'Europe, sans même avoir jamais vu les œuvres qui l'identifient, elle bâtit son projet de couturière dans l'esprit créatif de ces avant-gardes (1910).

Le dépouillement de toute ornementation, la coupe graphique, la prédominance des couleurs naturelles, la radicalité plastique du contraste noir et blanc, la transposition des vêtements de travail en vestiaire bourgeois, elle partage intuitivement avec les artistes l'esprit de cette époque.

Ses créations vont inaugurer le siècle.

Elle dit :
« ... Je veux être de ce qui va arriver. »
Gabrielle Chanel

2

Dix années après sa création, le cubisme entre en scène et bouleverse les conventions esthétiques de tous les arts.

Le ballet *Parade* qui réunit Pablo Picasso, Erik Satie, Jean Cocteau est une commande de la compagnie des Ballets russes de Serge de Diaghilev.

Il devient un manifeste (1917).

C'est une déflagration.

Alors que Picasso, dans les costumes et les décors de ce ballet fait l'apologie de l'esthétique cubiste, il est déjà parti pour de nouvelles aventures, signant un rideau de scène allégorique, prémices du *surréalisme* qu'annoncera Guillaume Apollinaire dans le programme du spectacle.

Un mot est inventé.

Paradoxe de l'histoire, comme tous les grands séismes artistiques, le cubisme devient un style.

Misia lui présente Picasso à la première représentation de *Parade* au théâtre du Châtelet (1917).

Quelques mois après cette rencontre, Olga, la belle danseuse des Ballets russes, jeune épouse de Picasso, prendra le chemin du 31 de la rue Cambon, récemment ouvert, comme Picasso prit souvent celui du rez-de-chaussée du 29, rue du Faubourg-Saint-Honoré dans l'hôtel particulier de sa nouvelle amie qui avait fait fortune, comme lui, en un temps record.

Elle dit :

« J'ai vu Ambroise Vollard et Rosenberg tourner autour du trésor qui fabriquait des trésors. J'ai vu Cocteau dans le pas de la séduction, Dada flirter, les surréalistes l'encenser. J'ai vu les Modigliani et les Juan Gris disparaître, et Picasso demeurer. Apollinaire disait de lui que son rythme intérieur a la monotonie du rythme arabe. Les siècles passent, les civilisations s'effondrent, Allah reste grand et Picasso est son prophète. C'est aussi un démon. Il reviendra troubler des générations de jeunes peintres dans les tables tournantes. Quand il sera au Louvre, ses guitares effraieront, la nuit, le pompier de service et ses statues iront dans l'obscurité se promener toutes seules, en dépit des rondes, à l'étage des Égyptiens. »

Gabrielle Chanel

3

Le vent est musicalement fort dans les arbres du jardin de l'hôtel particulier du 29, rue du Faubourg-Saint-Honoré, lorsque le piano Pleyel, noir rutilant, est livré.

Ce piano est le premier meuble qu'elle installe dans le grand salon.

Signal de fête.

Elle a tout de suite pensé à Misia, aux répertoires de ses amis, Ravel, Satie, qu'elle ne tardera pas à inviter.

Le dispositif humain est détonant.

Elle sent bien que quelque chose d'unique se joue entre ses invités, quelque chose dont elle ne sait pas le nom, mais qui la fascine et lui offre un bien-être qu'elle n'a jamais connu.
Les jeux, les intrigues, les discussions, les mouvements du monde artistique, elle en fera ses règles nouvelles.

Elle dit :
« Ce sont les artistes qui m'ont appris la rigueur. »
Gabrielle Chanel

Musiciens, peintres, poètes se retrouvent dans le salon du 29, rue du Faubourg-Saint-Honoré.
Misia et Jean Cocteau officient.
Max Jacob fait le pitre et demande à la maîtresse de maison de coiffer ses mannequins comme le Christ qui apparaît dans ses visions.

Souvent le parquet Versailles du salon craque sous les pas de danse, lorsque quelques mesures de jazz infiltrent cette demeure pas encore libérée des clichés conventionnellement bourgeois que la rapide fortune de sa propriétaire laisse apparaître.

Loin de Montmartre et du Bateau-Lavoir, ici, la bohème est chic.

Il écrit :

« Partout, derrière ce qui pense et ce qui s'exprime, on la trouve dans une ombre modeste. Son amitié pour Picasso, pour Dalí, pour Stravinsky, pour Reverdy, pour moi-même, prime en quelque sorte l'extraordinaire bonne fortune de son règne sur la couture. »

Jean Cocteau

4

Les années vingt sont en avance sur leur date, la guerre a précipité leur arrivée.

Paris décide de rayonner artistiquement et d'exprimer une respiration nouvelle de la liberté.

Désormais, ce sera son allure qui sera son laissez-passer parisien.

Elle fréquente les salles de spectacle, les cabarets, les bals mondains.

Elle devient l'invitée fétiche de l'entre-deux-guerres dont elle a transformé les femmes et qui la transforme elle-même dans le plaisir pailleté des jeux d'une société qui veut s'oublier.

Paris s'identifie à son allure.

Le dandy Étienne de Beaumont, héros du second livre de Radiguet *Le Bal du comte d'Orgel*, inaugure les « Soirées de Paris » au théâtre de la Cigale où se retrouvent Jean Cocteau, Pablo Picasso, Paul Morand, Erik Satie, une avant-garde qui aime divertir et se divertir (1924).

On danse à Paris.

Étienne de Beaumont imaginera les bals à thèmes, les plus extravagants du siècle, des fêtes à ce jour jamais égalées : le « Bal des jeux », le « Bal Louis XIV », le « Bal des entrées d'opéra », le « Bal de la mer », le « Bal colonial », le « Bal des tableaux célèbres », Le « Bal du tricentenaire de Racine » où elle apparaîtra habillée en *Indifférent* de Watteau.

Le bel indifférent.

Il écrit :

« Non, non ce n'est pas qu'il soit indifférent, ce messager de nacre, cet avant-courrier de l'Aurore, disons plutôt qu'il balance entre l'essor et la marche, et ce n'est pas que déjà il danse, mais l'un de ses bras, étendu et l'autre avec ampleur déployant l'aile lyrique, il suspend un équilibre dont le poids, plus qu'à demi conjuré, ne forme que le moindre élément. Il est en position de départ et d'entrée, il écoute, il attend le moment juste, il le cherche dans nos yeux, de la pointe frémissante de ses doigts, à l'extrémité de ce bras étendu il compte, et l'autre bras volatil avec l'ample cape se prépare à seconder le jarret. Moitié faon et moitié oiseau, moitié sensibilité et moitié discours, moitié aplomb et moitié déjà la détente ! »

Paul Claudel

Équilibriste excentrique, indifférente au monde qu'elle traverse, décor circonstanciel de sa mise en vue, libertine à l'écart des normes sociales et culturelles comme la peinture d'Antoine Watteau, affranchie et certainement grisée par sa propre aura, elle est donc ce jeune homme énigmatique qui semble esquisser un pas de danse sur un fil, entre l'épaisseur nocturne de son passé et le soleil d'aurore du tableau d'Antoine Watteau.

5

Ce soir-là, elle est en compagnie de Max Jacob, lorsque dans la fumée des cigarettes et les odeurs de cocktails brésiliens, rue Boissy-d'Anglas à Paris, Francis Picabia accroche *L'Œil cacodylate* sur la scène du Bœuf sur le toit, demandant à ses amis présents dans cet établissement de signer et de dédicacer le tableau ; Francis Poulenc, Darius Milhaud, Jean Hugo, Ribemond-Dessaigne, Benjamin Péret, Gabriële Buffet, la cantatrice Marthe Chenal et bien sûr Jean Cocteau sont quelques-uns des signataires.

Un manifeste à l'avant-garde dadaïste (1921).

Dans ce lieu où se rencontrent et se révèlent toute l'imagination des expressions artistiques de l'après-guerre en présence de leurs protagonistes, la musique traverse la peinture qui cherche ses mots dans les mots des poètes.

Toutes les musiques s'expriment d'Erik Satie à Kurt Weill, de Gershwin à Schönberg, du jazz au tango, et le langage de la poésie renouvelle les images des peintres.

Il y a, dans ce lieu, une effervescence créative, la recherche d'une redéfinition du monde dont seul l'art visionnaire et précurseur est capable.

Un élan.

Un laboratoire pour donner une forme au futur.

Souvent accompagnée de Misia et de Jean Cocteau, elle vient imprégner sa vie des émotions d'une société qu'elle a choisie pour guide et s'inspirer d'un temps innommé que l'histoire n'oubliera pas.

L'état d'esprit poétique de l'air que l'on respire au Bœuf sur le toit active le dépassement de toute réalité.

C'est, peut-être, dans ces soirées que l'idée que la création d'un objet immatériel, comme une œuvre de Marcel Duchamp, écrit comme un tract dadaïste de Tristan Tzara, un objet « inventé » qui n'appartiendrait qu'à son imaginaire, est né.

Une émanation.

Un parfum ?

6

Son corps nourri par les sports qu'elle pratique depuis sa jeunesse, marche, tennis, ski, elle imagine une collection de vêtements pour les sportives élégantes de Monte-Carlo et de Saint-Moritz (1932).

De sa « ligne », cette discipline de mouvements, dont elle ne saurait se départir, Jean Cocteau fait cette interprétation.

Il écrit :

« On devine qu'une femme chez qui de telles maximes sont incessantes et qui possède une si profonde clairvoyance apporte davantage que de simples secrets de beauté, que ses secrets de beauté visent plus loin et qu'elle conseillera plutôt à l'élégance de garder sa ligne morale que de soigner sa ligne dans le sens où les femmes l'entendent d'habitude. »

Jean Cocteau

Jean Cocteau, qui l'invite à créer les costumes pour son ballet *Le Train bleu*, connaît son goût pour les sports et pour la danse, thèmes parodiques du ballet qu'il propose à Serge de Diaghilev.

Pablo Picasso imaginera le rideau de scène : deux femmes gigantesques et opulentes courent sur une plage.

La présence de leurs corps sculpturaux en référence à l'art classique ironise sur le ton du spectacle.

Les Ballets russes bouleversent Paris et l'Europe.

Capteur artistique, Serge de Diaghilev à l'écoute des artistes saura signer une époque par ses productions.

Il faudra attendre, un demi-siècle plus tard, Merce Cunningham pour rassembler autour d'un projet unique les disciplines artistiques d'une époque.

Serge de Diaghilev est un assembleur visionnaire.

Il sait associer les impressions mythologiques et souvent folkloriques de la culture slave de ses origines qu'incarne la troupe de ses danseurs aux mouvements artistiques d'avant-garde, musicaux, picturaux, scénographiques.

Il commande des partitions aux compositeurs qu'il ressent marqueurs d'époque, alors que lui-même, très intéressé par la peinture, commanditera des rideaux de scène et des décors aux artistes d'avant-garde qu'il rencontre à Paris : Picasso, Derain, Matisse, Marie Laurencin, Rouault, Laurens, les Delaunay, Max Ernst.

Dans la recherche de faire de sa vie un spectacle, elle observe les compositions hétérogènes de son ami comme une méthode de construction pour son travail.
Elle aussi assemble les épisodes de sa vie passée à ses rencontres du présent.

Il fait très chaud à Venise cette année-là.

Elle choisit une croisière en bateau sur l'Adriatique préparée par le duc de Westminster.

Vents légers.
Alizés.

Elle a adopté pour tout vestiaire un pantalon large qu'elle retourne à mi-jambe et un débardeur en coton qui découvre son buste.

Son teint est hâlé.

Cet été, sur la plage du Lido à Venise, il y a un endroit isolé où Serge Lifar, danseur vedette de la compagnie des Ballets russes, dénudé, fait ses exercices quotidiens.

Diaghilev, fatigué, assis dans un fauteuil, regarde son ami.

Un matin du mois d'août son corps traverse la lagune pour rejoindre le carré orthodoxe du cimetière San Michele à Venise où il repose, la beauté de son ami aura rempli son âme (1929).

Elle, elle quitte la croisière pour accompagner Serge de Diaghilev dans la gondole noire.

Misia n'est jamais très loin.

Serge Lifar est avec elles.

Elle fera cette traversée après avoir acquitté les frais relatifs à ce dernier voyage, comme elle a aidé à élever au niveau de l'histoire de la modernité la production de *Parade*, à relancer grâce à un chèque conséquent celle du *Sacre du printemps* qui fut pour elle une révélation, un lieu de passage pour son propre accomplissement (1922).

Rien dans sa vie ne pouvait exister en dehors de l'art.

Il écrit :

« C'est grâce au faste visible qu'elle a aidé le faste secret des artistes. C'est, sans jamais qu'on le dise et sans vouloir qu'on en parle, qu'elle a été la compagne de toutes nos recherches. Sans elle, jamais Serge de Diaghilev n'aurait pu soutenir la reprise du *Sacre du printemps* de Stravinsky, sans elle, Picasso, Satie et moi n'eussions jamais assisté au triomphe de *Parade*. »

Jean Cocteau

7

Sophocle les rassemble autour d'*Antigone* (1922).

Après les brisures de la guerre et des codes artistiques traditionnels, en pleine euphorie du dadaïsme et les annonces du surréalisme, les artistes ont le désir de redécouvrir les grands mythes de l'Antiquité.

Le réconfort des origines.

Erik Satie donne le ton quand il fait interpréter sa pièce musicale *Socrate* (1920).

À cette époque, le buste de cette Vénus acéphale habitera chacune de ses cheminées, alors qu'un ensemble de robes, drapées, ponctuent avec souplesse et gravité ses collections.

Jean Cocteau signe une pièce en un acte *Antigone* dont la première représentation a lieu au mois de décembre 1922 au théâtre de l'Atelier à Montmartre.

Il écrit :
« Peut-être mon expérience est-elle un moyen de faire vivre les vieux chefs-d'œuvre. À force d'y habiter, nous les contemplons distraitement mais parce que je survole un texte célèbre, chacun croit l'entendre pour la première fois. »
Jean Cocteau

Pour la première fois elle fera des costumes.

Robes, tuniques, manteaux en laine épaisse et brute, une sorte de retour à ses matériaux de prédilection, animés de frises grecques et de motifs inspirés de ses collections jacquard.

Elle aussi revisite ses origines campagnardes.

Pablo Picasso qui explore picturalement l'univers du classicisme peindra les décors : deux colonnes doriques.

Dix années plus tard, on retrouve ces colonnes de marbre, surmontées de bustes en cire sur lesquels repose la collection de bijoux de diamants exposée au 29, rue du Faubourg-Saint-Honoré (1932).

Les portraits de Christian Bérard qui la représentent, colonnes et bustes antiques proches d'elle, les photographies de Cecil Beaton à proximité de la statue de Vénus 31, rue Cambon, autant de signes qui lui donnent cette inscription « classique », cette reconnaissance d'appartenir aux sources de l'intemporalité.

D'en créer une autre.

8

Peut-être, dans les jardins du Ritz, Paul Morand lui a-t-il présenté Marcel Proust qui vient de préfacer son livre *Tendres Stocks* (1921) ?

Remarque-t-elle son teint blanc, ses yeux sombres et le camélia sur le revers de son veston ?

C'est à la lecture de ses livres qu'elle fait connaissance avec les *artistes* de l'élégance, décrites par Marcel Proust : Albertine, Oriane, Odette, qui, bien qu'annonciatrices d'un changement d'époque, usent encore leur esprit dans les vapeurs décadentes du Second Empire.

Il écrit :

« Je me disais que la femme que je voyais de loin marcher, ouvrir son ombrelle, traverser la rue, était, de l'avis des connaisseurs, la plus grande artiste actuelle dans l'art d'accomplir ces mouvements et d'en faire quelque chose de délicieux. »

Marcel Proust

Elle, elle va beaucoup plus loin.

La guerre était passée par là, ses amours aussi.

Inspirée par le vestiaire masculin et les tenues militaires, elle met fin aux tenues ostentatoires et invente un confort qui projette une femme moderne, sportive, libre.

Elle brûle les ombrelles.

Elle noircit sa peau.

Ainsi, deux styles de femmes évoluent dans les jardins du Ritz et les salons des élégantes parisiennes.

Certaines retiennent un monde qui s'est déjà échappé de lui-même, les autres inventent un monde, encore indéfini d'un temps qui n'est pas encore perdu.

9

Aucun signe artistique dans ses collections.
La couture, seule, comme création.

Absolue.

Elle dit :
« C'est un métier, ce n'est pas un art. »
Gabrielle Chanel

Dans ses relations artistiques amicales, elle est attentive aux mouvements créatifs de l'artiste : les secrets d'un langage, la recherche d'un style, l'application d'un savoir-faire, tout ce qui donnera à l'œuvre sa cohérence et la rendra unique.

Elle s'attache à leur persévérance, à leur complexité créative.

Elle ne recherche pas l'acquisition d'une œuvre d'art comme ses prédécesseurs, Doucet, Poiret, ont pu le faire.
Elle demeure dans le mouvement de la création artistique.

Les objets, les livres dédicacés qui l'entourent ne sont pas des objets d'une collection mais les témoignages d'une rencontre, d'un lien sentimental, d'histoires restées secrètes.

RESPIRÉE

1

Cela ne pouvait être que l'été.

À Biarritz, en regardant l'océan s'accidenter sur les rochers, elle enlace la ligne de plomb qui retient le verre à peine teinté des vitraux de l'abbatiale d'Obazine, à l'initiale capitale de son nom et à celui de son amour.

Elle lie, relie, coud l'arabesque emblématique.

Un sceau.

Une marque.

Elle pense à Obazine.

En descendant l'escalier pour les vêpres ce dimanche, à peine sentie la sensation de légèreté du tissu de sa robe d'été, la lumière exceptionnelle du jardin au mois d'août, elle ressent que les astres énigmatiques du couloir qu'elle vient de traverser sont alignés pour une belle rémanence.

Les vitraux l'attendaient.

Et ce jour-là, ils lui donnèrent tant et tant de mouvements de lignes.

Elle les conservera longtemps dans son regard intérieur jusqu'à ce jour où il fallait nommer sa vie par un parfum (1921).

2

Elle respire l'océan.

À l'hôtel du Palais à Biarritz, la large baie panoramique de la salle à manger, les jours de grandes marées d'équinoxe, est souvent frappée par les vagues qui viennent adoucir leur trajectoire d'écume tout près des convives.

Cette violente bénédiction de la mer la submerge d'émotion.

Elle pense à Boy Capel, son grand amour, disparu accidentellement sur une route du Sud une nuit de décembre.

Elle pense à leurs regards complices face à ce même océan sur la plage de Saint-Jean-de-Luz lorsqu'il lui parlait de l'éternité des âmes, citant les dialogues du *Cantique des Cantiques* qu'elle conserve pieusement dans sa bibliothèque.

Il dit :

« Les grandes eaux ne peuvent éteindre l'amour. Et les fleuves ne le submergeraient pas. »

L'absence.

Les images de sa mémoire se fixent sur le spectacle monumental de l'océan qu'elle ne quitte pas des yeux.

Silencieuse, alors que les nuages se défont sur les rochers qui réapparaissent au cours d'une brève accalmie, elle sait qu'elle fabriquera un monument à l'éternité de son amour, elle sait qu'elle construira le monument le plus spirituel, le plus immatériel, le plus proche de l'éternité de la vie : un accompagnateur embaumeur d'invisible.

Un parfum.

3

Elle s'attarde devant les peintures murales de Paul Jean Gervais dans le salon impérial de l'hôtel du Palais à Biarritz (1920).

Elle s'adresse à Ernest Beaux, grand parfumeur à la cour des tsars de Russie.

Elle dit :

« Je veux (...) un parfum artificiel, je dis bien artificiel comme une robe, c'est-à-dire fabriqué. Je suis un artisan de la couture. »

Gabrielle Chanel

Ce langage, décalé du monde des parfums, sonne efficace et novateur ouvrant de nouveaux univers.

Ces mots suffisent à faire toute la différence.

Un défi.

Ernest Beaux lui donnera les réponses.

Elle ne lui parlera jamais de son secret, du parfum de l'absence, « d'un parfum de femme à odeur de femme ».

Ensemble ils inventent une légende.

De nombreux composants imaginent cette création unique, un jus aux fragrances non identifiables, dont le sillage n'exprime aucun souvenir, aucune évocation figurative.

Lui apporte le mystère des aldéhydes, ces produits de synthèse étonnants révélateurs de senteurs, elle composera le bouquet amoureux, jasmin, roses, que ses mains connaissent pour les avoir cueillis. Et dont les émanations ne seront jamais identifiables, puisque c'est une composition inventée.

Elle dit :
« Et s'il a la fraîcheur d'un jardin, rien ne peut faire que ce jardin n'ait une senteur inconnue. »
Edmonde Charles-Roux

Son monument.

Ce parfum n'étant pas un parfum, le flacon ne sera pas un flacon, mais en hommage à son grand amour, une flasque de voyage qu'il cachait dans la poche intérieure de sa veste de tweed.

Un ready-made.

Sur une étiquette blanche, dont l'esthétique rappelle les petits tracts composés par les membres de Dada et Tristan Tzara à la même époque, on lit sur trois lignes :

N°5,
CHANEL
PARIS

Un cachet de cire noire scelle le goulot du flacon.
Il est frappé d'une lettre C majuscule que l'on retrouve tracée au crayon de sa main sur la page de garde des livres de sa bibliothèque.

Elle écrit un parfum.

C comme Chanel, C comme Capel.
Trois ans plus tard, elle entrelacera leurs initiales qui seront parallèles au temps comme les vitraux cisterciens d'Obazine (1924).

Elle tourne le dos aux allégories picturales de Paul Jean Gervais d'où émane un monde perdu dans ses évanescences archaïques.

Son parfum sera abstrait.

Un manifeste.

Comme l'art de son époque.

4

Elle choisira l'échantillon numéro 5.

Comme les cinq doigts de la main, comme les cinq branches de son étoile, comme les quatre éléments et le cinquième pointant vers le haut l'esprit divin.

Comme la partition pour piano *Les Cinq Doigts* que son nouvel ami russe Igor Stravinsky, qu'elle héberge avec sa famille dans sa maison beige et noire de Garches, compose (1921).

Il écrit :
« À Garches où j'habitai l'hiver 1920-1921, je terminai ces symphonies. Parallèlement, je composai un recueil de petites pièces pour enfants publié sous le titre *Les Cinq Doigts*. Ce sont huit mélodies très faciles où les cinq doigts de la main droite, une fois posés sur les touches, ne se déplacent plus durant une période ou une pièce entière, tandis que la main gauche destinée à accompagner la mélodie exécute un dessin soit harmonique, soit contrapuntique de la plus grande simplicité. »
Igor Stravinsky

Comme en Russie, initiée par l'artiste Rodchenko, l'exposition « 5 × 5 = 25 », d'avant-garde, célèbre la force mentale de l'abstraction picturale.

Comme, un peu plus tard, son ami Paul Morand dans son roman *Lewis et Irène* qui en filigrane tisse son histoire amoureuse avec Boy Capel (1924).

Il écrit :

« — Alors promettez-moi, une seule chose, et je m'en vais... promettez-moi qu'avant de partir pour Trieste vous me téléphonerez... Ségur 55-55... c'est facile. »

Paul Morand

Les chiffres 5, en écho les uns des autres, comme autant de clins d'œil que l'écrivain envoie à son amie.

Son monument est construit.

Elle l'habite.

Il enveloppe ses vêtements, conjure son chagrin dans les flammes de sa cheminée, transforme ses lieux de vie ; il est son confident.

Le parfum est rare dans la boutique de la rue Cambon où les élégantes vont s'en saisir comme de tout ce qui lui ressemble.

Encore une fois : être elle, comme si elle détenait les clés des désirs d'un inconscient féminin précurseur.

Il faudra attendre trois ans de plus pour que, dans un flacon de cristal qui deviendra légendaire, il devienne le N°5.

Et comme tout ce qu'elle touche, il fera sa fortune.

5

Distraite, elle détourne le regard du centre de l'édifice.

Ses yeux rejoignent la lumière d'un grand vitrail aux volutes grisées cernées d'un liseré de plomb noir.

Elle est assise à l'extrémité droite de la première rangée. L'angle de vision est inconfortable.

Elle doit trouver l'attitude exacte qui ne permette pas aux filles du deuxième rang de penser que l'on s'adresse à elles, au célébrant qu'elle ne porte pas attention à la cérémonie.

C'est un calcul précis.

Elle doit trouver une durée suffisamment longue pour fixer intensément le vitrail afin que, les yeux fermés, s'imprime la rémanence.

Une prière.

Elle a deux secondes pour faire un vœu et l'image impossible à retenir plus longtemps s'échappe dans sa mémoire.

À vie.

Chaque après-midi, dans l'abbatiale qui n'est jamais totalement sombre même en hiver, elle tentera plusieurs fois cet exercice de dévotion jusqu'à obtenir l'intensité colorée qui s'opposera le plus aux couleurs atténuées du motif initial.

C'est compter sans l'épaisseur pigmentée des verres conçue pour faire barrage à tout éclat solaire.

Dans ce temps aux secondes fragmentées elle ajuste l'image captée à son vœu.

Ils ne feront qu'un.

Inimaginable d'en recueillir son absence.

T

TRANSFORMÉE

1

Elle plonge dans les fragments dissociés de sa mémoire, elle les coud, les coud encore avec les matières qui envahissent l'atelier. Elle associe ses yeux à sa main, imagine les mouvements sur le corps de son modèle.

Le vêtement va circuler dans les souvenirs de sa vie, va saisir les couleurs, les motifs, les textures, les goûts, les formes.

Elle assemble.

Le vêtement n'aura aucune référence.
Il n'aura pas de nom.

Un numéro.

Elle réassemble.

Elle corrige ce qu'elle a laissé trop déborder d'elle-même, un pli inutile, une texture qui lui est étrangère, une couleur qu'elle n'a pas vécue, un mouvement qui n'a pas pu se faire.

Elle enlève.

Elle n'arrête pas d'enlever.

Le vêtement se cherche dans l'assemblage des bribes de présent qu'elle essaye d'attraper.

Une ligne.

Un poème lui en donnera l'élan.
Elle pense à Reverdy.

Une musique.
Elle pense à Stravinsky.

Un tableau.
Elle pense à Picasso.

2

Elle, elle s'oppose à la mode.

Elle s'oppose aux activités de l'éphémère.
Elle n'a aucun impératif à créer du nouveau.

Elle est dans un temps long.

Elle insiste.

Rien ne doit obligatoirement se passer sur la ligne tendue sur laquelle elle avance en équilibriste assurée.

Il n'y a aucune urgence.

Elle travaille musicalement ses propres variations qu'elle accorde aux notes singulières de chacun de ses modèles ; le même qui fera chaque femme différente, pense-t-elle, alors qu'elle se reproduit elle-même en surnombre.

Elle pérennise un langage dont la syntaxe s'est élaborée naturellement au cours des années.

Aucun calcul dans cet élan ne décide de la construction d'un patrimoine ; elle a toujours compris, dans l'expérience quotidienne du travail, dans les vibrations des rencontres et des changements d'époque, comme les artistes qui l'entourent, que seule l'histoire serait son héritière.

3

Elle dit :
« Je vais les foutre toutes en noir. »
Gabrielle Chanel

Lorsque à la sortie de l'Opéra elle montre à Misia le carnaval coloré des élégantes qui n'avaient pas encore franchi le seuil de la rue Cambon.

Toutes sont entrées, en uniformes noirs, dans le rang des pensionnaires d'Obazine.

Et « la petite robe noire » chère aux Américains est devenue un emblème de modernité (1926).

Toutes ont porté les tailleurs militaires brodés de brandebourgs ou bien soulignés d'un galon en lisière comme les bataillons des hussards de Moulins.

Toutes ont mélangé les bijoux fantaisie et la haute joaillerie amassés en sautoir autour du cou.

Elle dit :
« Sem m'a dit, à propos de bijoux que j'avais dessinés : "Enfin, on imite le faux." Comme il a bien dit. Impossible de porter beaucoup de bijoux vrais, s'il n'y a pas de femmes qui en portent beaucoup de faux. »
Gabrielle Chanel

Cela pourrait sembler un excès de soumission à la mode, si ce n'est que l'effet de tendance persiste encore aujourd'hui jusqu'à ne plus être tendance mais s'affirmer comme un style.

Dans le jeu des apparences il n'y a rien de nouveau.

Le style vient de loin et déplace les élégantes dans un temps qui est le sien

Son style.

Être vues comme elle.

Comme elle.

Mais que savent-elles d'un poème de Jean Cocteau, d'une partition de Stravinsky dans l'ourlet d'un col, d'un dessin de Picasso dans les plis d'une jupe, d'un saut de Nijinski au revers d'un tailleur, de l'image d'un film de Jean Renoir dans la doublure d'une veste ?

Que savent-elles ?

4

À l'opulence de Paris elle oppose l'austérité de l'Auvergne.

À la matité d'Obazine elle oppose la brillance du 31 de la rue Cambon.

Elle recouvre le chanvre de son enfance d'un vernis vieil or, comme d'une patine aristocratique décadente qu'elle n'a jamais vécue.

Elle tend un piège aux femmes.

Elle invite ses élégantes sur les monts d'Auvergne, alors qu'elles pensaient aller à l'Opéra.

Elle les emmène aussi dans le voyage paradoxal d'une beauté naturelle où, par l'excès d'ornementation vestimentaire de certaines, elles brilleront bien davantage.

Une vengeance.

La mode est faite de faux miroirs.

Les siens se diffractent, mais ne trompent jamais.

Elle dit :

« Des années ont passé, et seulement aujourd'hui je comprends que l'austérité des teintes sombres, le respect des couleurs empruntées à la nature ambiante, la coupe presque monacale de mes vêtements d'été en alpaga, de mes habits d'hiver en cheviotte, que tout ce puritanisme dont les élégantes allaient raffoler, venait du Mont-Dore... »

Gabrielle Chanel

5

Lorsque les élégantes sont à la recherche d'une autre image d'elles-mêmes et qu'elles montent l'escalier du 31 de la rue Cambon décoré d'un mur en miroirs diffractés, outre l'hommage que le style Art déco rend à Marcel Duchamp (*Nu descendant l'escalier*, 1912), leurs silhouettes s'en trouvent déconstruites et volent en éclats.

Éclatent.

Un instant, troublées par l'abandon de leur réalité, les fragments épars de leurs reflets se reconstituent devant une porte en miroir lisse.

C'est la porte qui conduit à l'appartement.

Savent-elles que de l'autre côté il y a un imaginaire où la mode n'existe pas ?

6

Manet, Degas, Matisse, Renoir, Picasso ont perçu dans les chapeaux l'expression artistique des modistes au point de s'en saisir picturalement dans leurs portraits.

À la fin du XIXe siècle, symbole d'une classe sociale, un chapeau était une *installation narrative* qui, posée au sommet du corps, devenait une véritable attraction visuelle.

L'artisan modiste avait entre ses mains bien plus qu'un accessoire de mode à confectionner.

Une œuvre d'art.

Elle installe au 21 de la rue Cambon une plaque « Chanel Mode », son atelier-boutique de modiste (1910).

Toute narration haut perchée sur la tête de celles qui deviendront rapidement ses élégantes est supprimée.

Elle dit :
« Toujours enlever, jamais remettre. »
Gabrielle Chanel

Elle fait apparaître la forme du crâne, dépouillé de tous les ornements d'un récit suranné.
Parfois elle élargit les bords du chapeau exagérément et le visage, qui apparaît et disparaît, joue de sa séduction.
Parfois un canotier aux proportions réduites, accompagné d'une indispensable voilette, révélera ce même visage, soudain presque dénudé.

Délicatement, certaines créations rendent la nuque visible.

Tous les regards, qui autrefois se dirigeaient vers l'extraordinaire objet attractif perché sur la tête d'une femme, ces mêmes regards découvrent les yeux, la bouche, les expressions de la féminité que les convenances sociales et les abus esthétiques voulaient garder secrètes.

Les visages des femmes apparaissent enfin.
Elle fera de même pour leurs corps.

C'est une parole nouvelle.

Dans cet atelier-boutique « Chanel Mode » du 21 de la rue Cambon, elle commence déjà à dépouiller le XIXe siècle.
Elle a le don de saisir, au présent, l'époque qui est la sienne et ses doigts d'artisane savent l'interpréter naturellement.

Le succès est immédiat.

Elle dit :
« Mon époque m'attendait, je n'ai eu qu'à venir, elle était prête. »
Gabrielle Chanel

TRAVAILLÉE

1

Elle s'assied sur une chaise basse à hauteur du genou des élégantes lorsqu'elle travaille le bas d'un vêtement de la taille à la cheville.

Elle est à hauteur de marche.

Lorsqu'elle travaille debout, c'est sur la chaise basse qu'elle pose ses rudimentaires accessoires de couture, des épingles et une paire de ciseaux et son paquet de cigarettes.

Ce n'est pas une chaise, c'est son accompagnatrice.

Elle habite l'instant lorsque le modèle est à deux centimètres de ses doigts et qu'il faut trouver le toucher exact afin que le tissu s'ajuste au corps.

C'est un exercice intime.

Elle a appris le toucher des choses à l'ouvroir d'Obazine dans les fils et les textures des trousseaux des filles riches de la Corrèze que les religieuses faisaient coudre et broder à leurs pensionnaires.

Ses mains se sont promenées entre les draps brodés aux initiales de noms inconnus, et les chemises si fines qui lui inspiraient les caresses.

Dans les promenades qui longeaient le Canal des Moines, ses mains étaient sensibles lorsque ses doigts sentaient dans les herbes le changement des saisons.

Elle a appris le toucher des vêtements de ses amants, l'épaisseur soyeuse d'une broderie russe, le frisson d'un tweed anglais.

Elle sait qu'il va falloir donner au modèle la précision d'une sensation attendue et que peut-être un pli creux qui commencerait à mi-cuisse offrirait le sentiment d'aller plus loin pour affronter l'époque.

C'est le paradoxe de la création : ce toucher de l'instant devra s'enfuir vers cette étendue incalculable du temps qui est devant elle.

2

Elles sont ensemble (1895).

La mère supérieure, les religieuses, les pensionnaires, les orphelines ; en prière, en étude, en promenade, au dortoir, elles sont ensemble.

C'est un territoire.

Elles cousent ensemble.

Le linge blanc est rangé sur les étagères et les robes noires sont suspendues sur des tiges de bois.

Le blanc et le noir sont inévitables à la raison.

Sur les tables chichement éclairées on peut apercevoir des exercices de broderies colorées, des récits d'ailleurs, où elles ne sauraient aller si le rêve n'existait pas.

Lorsqu'elles s'échangent les fils d'or, chacune imagine que le point cousu de l'autre est une incantation, l'espérance d'une vie nouvelle.

Elles attendent ensemble.

Dans le gynécée du 31 de la rue Cambon, elle est au centre du sanctuaire.

L'éclairage blanc est intense dans le blanc de l'atelier sur les blouses blanches des ouvrières.

Ensemble elles donnent une forme à son histoire.

Cet atelier est le lieu d'un élan communautaire, avec sa hiérarchie, ses règles, ses silences où toutes convergent dans la direction d'un projet unique.

Elle parle.

Elle parle, coupe, épingle.
Le modèle est entre ses mains.

Quand elle doute elle se penche parfois sur le dossier de sa chaise basse, elle allume une cigarette, demande au modèle de descendre l'escalier et cherche à faire entrer dans les miroirs qui tapissent les murs les fragments de son éternité.

Il dessine (1984).

Les dessins s'envolent à toute vitesse et sont saisis en plein vol par des centaines de mains.
Les retours sont vivants.
Les mouvements sont vifs.
Les dessins vont courir le monde et ne seront jamais rattrapés.

Lui court plus vite.

Elle fait des collages (2020).

Elle assemble des parcelles de son temps.

Elle invente les chimères de son époque.

Alors les filles se tiennent par la taille, par le cou, comme dans les jardins d'Obazine, chuchotent comme au dortoir, jouent entre les labyrinthes de draps, traversent les images de cinéma, voyagent dans des villes oubliées.

Elles échangent leurs vêtements.

L'atelier de couture d'Obazine s'est agrandi d'un siècle.

3

L'image est précise.

À Obazine, il y a deux groupes de femmes.

D'abord les religieuses dans leurs uniformes blanc et noir, une cordelière tressée autour de la taille, une croix sur la poitrine, puis les pensionnaires, en tenue noire ou bleu foncé, blanche l'été, un col Claudine avec une lavallière nouée le dimanche.

Les mêmes.

Ce qui varie et révèle chacune d'elles, c'est ce que Paul Morand appelle *l'allure* ; une façon singulière de bouger son corps, de tendre la main, de sourire, ou pas, de tourner la tête pour animer sa chevelure, de dire le premier mot d'une parole comme l'introduction à son propre roman.

L'uniforme s'efface au profit de *l'allure*.

Il écrit :

« Chanel travaille toujours le même modèle qu'elle ne fait que "varier", d'année en année, comme on "varie" un thème en musique... »

Roland Barthes

Le soir, dans l'atelier, un ensemble de tailleurs suspendus sur les portants déclinent une tonalité de l'écru au blanc presque beige.

Elle les regarde.

Elle connaît chaque élégante qui le portera.

C'est la condition essentielle, cette rencontre personnelle avec chaque femme, le phrasé d'une parole, le mouvement des bras, une descente d'escalier.

C'est cela qu'il faut révéler et qui doit transgresser le vêtement.

Elle les mettra toutes en uniformes.

Puis elle souligne la singularité de leurs corps, de leurs mouvements par un marqueur gansé de couleur, souvent tissé, fabriqué artisanalement, choisit une doublure de la même soierie que le chemisier à lavallière et plis *religieuse* afin que le buste soit totalement dans l'ombre d'une seule couleur, veste ouverte ou fermée.
Une chaîne de métal doré ourle l'intérieur de la veste pour en assurer le maintien.

Un attachement.
Un lien.

Elle ne lâche rien.

Elle dit :
« Croyez-moi, je connais les femmes, donnez-leur des chaînes, les femmes adorent les chaînes. »
Gabrielle Chanel

Des manches à poignets mousquetaires affirment un désir d'autorité masculine, comme cette autre chaîne à la taille que l'on apparente à une chaîne de montre d'homme ; ou peut-être aux cordelières des religieuses d'Obazine.
Les médailles militaires se mélangeront aux médailles religieuses.

Les mêmes chaussures.
Le même sac.

Elle revient pour leur parler de leur *allure*, pour leur exprimer son art de la couture en les glissant dans un poème de Reverdy (1954).

4

Des fées en shorts et jupes courtes, des pages habillés d'un pourpoint traversent, d'une cheminée à l'autre, la galerie du château de Chenonceau (2020).

C'est un cortège joyeux de jeunes femmes qui marchent au-dessus du Cher sur le damier noir et blanc en marbre italien de la Renaissance qui remonte à hauteur de leurs jupes courtes.

La lumière va chercher son éclat dans la rivière et renvoie à travers les fenêtres latérales une atmosphère de tous les âges.

La caméra est le seul public.

Inaperçu, peut-être conçu pour ne pas être vu, voyageant et se cachant dans les mouvements de la marche, un motif de losange enlace et entrelace un luxe de tissus de matières et de broderies.

Il est le lien intime signifiant de toute la collection.
Il se laisse à peine deviner.

Le détail.

Porte d'entrée dans le monde ésotérique, symbole de la fécondité, arlequinade italienne peut-être, le losange dans son usage et sa répétition devient le détail monumental qui dévoile les sources créatives de cette collection.

Qu'en est-il de la créatrice qui fait affleurer sur les tissus de sa collection le message d'un signe intemporel de la féminité ?

Le regard, aidé par la caméra, mettra du temps à percevoir ce détail dont la récurrence en fait un porteur d'énigme plus qu'un effet esthétique.

C'est une jeune fée vêtue d'une robe longue légèrement transparente, en tulle noir rebrodé de losanges, qui va donner à la figure géométrique un air d'oriflamme soudain rendu visible ; à moins que la jeune fée ne soit une princesse ; une reine, peut-être, qui se serait échappée d'un tableau de Germain Le Mannier (1547-1555), peintre à la cour de Catherine de Médicis, propriétaire historique du château, dans sa robe d'apparat aux manchons d'hermine richement dessinée de losanges perlés.

TRAVERSÉE

1

Elle, elle marche entre la nuit et sa nuit.

À travers les fenêtres entrouvertes sur l'été corrézien, la lune éclaire les pans de mur de l'abbaye.
Cette esquisse de construction lumineuse décolle les bâtiments du sol.

Un vaisseau spatial.

Les pensionnaires abasourdies regardent cette fine jeune fille aux cheveux noirs, épais, largement dépliés sur ses épaules, les yeux grands ouverts ânonnant de temps en temps, marcher dans l'allée centrale du dortoir de l'orphelinat.

Ses pas sont réguliers.

Ses pieds nus frôlent à peine le sol.

Sa chemise de nuit est blanche ; mariale autant que spectrale ; héroïne romantique et sorcière à la fois.

Somnambule.

Au cours de cette errance, elle exhibe le secret d'elle-même, qui ne se dévoilera jamais.
Tout ce que nous saurons n'est pas ce qu'elle sait.

Une ligne.

Ce que nous ne saurons jamais est tenu au secret ce soir-là entre la nuit et sa nuit entre ses deux écrans immatériels de la conscience et de l'inconscience.

Elle franchit miroir après miroir à la recherche de quelque chose d'extrême qui serait déposé derrière le dernier miroir franchi.

Elle dit :
« Je crois à la quatrième dimension, et à une cinquième... »
Gabrielle Chanel

Elle marche à côté de son ami Jean Cocteau.

Ensemble, ils franchissent les pièges du réel et s'échappent dans les contes populaires, *Peau d'âne*, *La Belle et la Bête*, *Alice*, et rejoignent bientôt la mythologie, Antigone, Orphée et Œdipe dans les épaisseurs des mousselines drapées des années trente où l'illusion n'a d'égale que la poésie de l'insaisissable.

2

C'est une parade très attendue.

Soixante jours après Pâques, lorsque le soleil est à son zénith, proche du solstice d'été, la Fête-Dieu célèbre l'eucharistie dans chaque paroisse avec un faste baroque où se rencontrent religion et ostentation.

À Obazine, le contraste entre l'exubérance de la procession et la rigueur des règles de l'abbaye est important.

Les habits liturgiques de circonstance, la bannière de procession emblème de la communauté, qui est somptueusement brodée selon les rituels religieux, offrent un spectacle traditionnel éblouissant, floral et costumier.

Le luxe de la lumière solaire, si rare de l'autre côté des murs de l'abbaye, rayonne dans les étoffes, sur les accessoires de culte. Chaque support est touché par ses rayons fertilisants que des fils d'or, d'argent, des sequins cousus reproduisent.

Le soleil christique, devenu métaphore de la cérémonie, est célébré.

Les pensionnaires les plus jeunes vêtues de robes pastel la tête couronnée de fleurs marchent en tête de cortège.

Elles jonchent le chemin de pétales de roses cueillies le matin. Suit le prêtre, enveloppé dans une cape solaire richement brodée. Il élève son ostensoir au centre duquel l'hostie rayonne, protégée elle-même par un dais.

Il bénit sur son passage s'arrêtant parfois devant l'installation d'un reposoir fleuri qui pavoise l'entrée d'une maison ou d'un site remarquable.

Trois jeunes filles plus âgées tiennent la bannière.

La plus robuste le mât, les deux autres les cordons de soie qui retiennent la voilure frangée d'or.

L'ensemble des filles de l'orphelinat dans un nuage de gaze florale clôturent le cortège.

L'abbaye est en représentation.
Les filles aussi.

Descendre l'escalier qui les conduit quotidiennement du grand couloir aux fenêtres cernées de noir à l'abbatiale est une descente solitaire, sans public.

Une descente les yeux fermés dont la projection scénique se limite souvent à la communion solennelle.

Mais une procession dans les rues du village sous le regard de ses habitants, dans les dorures et les fleurs blanches, à cette extrémité de leur quotidien ; c'est un mariage.

Les yeux ouverts.

Il y a donc une fois par an ce contrepoint festif : au noir et blanc au classicisme des lieux à la matité des murs de pierres à la géométrie des motifs ornementaux, à la raideur de certaines étoffes.

Le récit linéaire parfait est traversé une fois par an par les broderies de rayons solaires au point bourdon sur brocart ou satin, d'effigies d'un autre monde dont les images s'envolent en arabesques fantasmées comme les paroles inaudibles des cantiques au milieu des prières égrenées.

L'apparat décadent de l'église épouse l'architecture romane des abbayes d'Auvergne en un seul regard, le temps d'une procession.

Ici.

De ces contrariétés esthétiques elle, elle fera un point de vue stylistique.

3

Elle assiste au défilé militaire à Moulins ; les pas, les musiques, les vêtements.

Les hussards à cheval, la musique militaire, le dolman à brandebourgs, la double rangée de boutons dorés, la tresse de passementeries posée sur l'épaule, la pelisse.

Le spectacle est inspirant.

Son regard ne l'oubliera pas.

Elles marchent.

Le lieu est gigantesque, plus de quarante mètres de hauteur, et pourtant le regard que l'on porte sur elles les démesure à hauteur de ce lieu.

Le Grand Palais à Paris.

Il y a quelque chose de militaire qui se passe entre la musique, les pas et le vêtement qui prend le risque de devenir un uniforme.

C'est le trio : le pas, la musique, le vêtement. Elles marchent sans rien dire, sans sourire.

Sans bouger.

Elles marchent dans les rues.

Les tailleurs qu'elles portent semblent identiques si on ne remarque pas la nuance des détails : la différence des légèretés des tissus, la couleur et le tressage des ganses, la longueur des manches.

Elles ne sont pas habillées, elles sont enrôlées dans une fable.

4

L'atelier de couture des pensionnaires d'Obazine sent le savon. Il n'est pas éloigné de la buanderie où bout le linge dans de grandes lessiveuses dont on entend les débordements de l'eau retomber sur les braises.

Si l'hiver les draps sèchent dans la même pièce profitant de la chaleur des foyers, l'été par temps de grand soleil ils sont étendus dans le jardin qui se transforme en labyrinthe pour une journée.

Jeux d'ombres et de silhouettes, saynètes improvisées pour les pensionnaires qui ne partent pas en vacances.

Le décor est idéal.

Elle marche.

Elle passe entre les draps et les allées du jardin. C'est la plus mince, la plus brune, la plus noiraude.

Il lui arrive de prendre par la main une de ses camarades d'appuyer sur sa cambrure de lui lever le menton un peu autoritairement et de marcher avec elle comme elle aurait aimé marcher le jour de la Fête-Dieu.

Elle marche pour qu'on la voie.

C'est un film.

Et c'est la nuit.

Jeanne Moreau marche seule dans Paris.

Elle porte un tailleur noir doublé de satin blanc.

Elle marche et pourtant semble immobile.

C'est le tailleur qui marche.

C'est le tailleur que l'on voit, mat, brillant.

Le tailleur de satin noir détaché d'elle.

Le tailleur marche.

La ville bouge à peine autour d'elle et la trompette de Miles Davis, qui dégage une mélancolie à aucune autre pareille, décide de son chemin.

Elle, elle marche place Vendôme.

C'est très tôt le matin.

Il n'y a pas de musique.

D'Obazine à la place Vendôme, son goût pour les grandes figures historiques ; un sentiment de classicisme l'accompagne.

Le photographe lui a dit de marcher.

On ne voit qu'elle.

La place, ses vêtements : c'est elle.

Elle porte l'architecture de la place sur elle.

Elle dit :
« La mode, c'est de l'architecture. »
Gabrielle Chanel

On ne sait rien de plus, sinon que le photographe appellera cette séance : « classique ».

TROUBLÉE

1

Ici la montagne vous touche directement au corps.

Elle, elle connaît.

Il fallait un paysage qui domine le Mont-Dore et les cimes adoucies du Massif central.

Un paysage plus aigu, dominant, fréquenté par un monde qui reconnaisse aussi son nouveau statut social.

Paul Morand l'accompagnera au coin d'une cheminée à Saint-Moritz à travers les voyages de sa mémoire (1947).

C'est un galop douloureux et romanesque à la fois.

Elle s'est écartée de la société combattante de la guerre pour se soumettre à la normalité d'une vie.

Mais rien ne se conjugue pour elle avec la normalité.

Prisonnière de son propre roman de vie, elle sait que les chapitres qui viennent de s'écrire durant ces années d'exil sont raturés par les impatiences d'un retour vengeur.

De son enfance elle dira ce que le temps a transformé, entre réalité et déni, un curieux état biographique qui tiendra lieu de vérité.

Il écrit :

« Cette voix torrentueuse, roulant de la lave, ces mots qui crépitaient comme des sarments secs, ses répliques, happant et croquant du même bec, un ton de plus en plus péremptoire à mesure que l'âge la faisait fléchir, un ton toujours plus révoquant, toujours plus infirmant, des condamnations sans appel, je les entendis, des soirées entières, dans cet hôtel de Saint-Moritz où je la retrouvai, pendant l'hiver 1946, chômeuse, désœuvrée pour la première fois, rongeant son mors. Elle s'était exilée volontairement en Engadine, hésitant à reprendre la rue Cambon, attendant un retour de fortune. Elle se sentait rattrapée par le passé, saisie par le temps retrouvé, Guermantes de la couture, Verdurin d'un âge soudain inconnu d'elle, l'époque de Gaulle, et l'atrabile lui sortait par des yeux restés étincelants, sous l'arc des sourcils de plus en plus accusés au crayon gras, comme des arceaux de basalte ; Chanel, volcan d'Auvergne que Paris avait tort de croire éteint. »

Paul Morand

Depuis les palaces suisses qu'elle fréquente, elle sent bien que quelque chose lui échappe.

En ces lendemains de guerre, elle est absente sur la géographie des arts.

Compromise dans des affaires douteuses.

Elle n'a pas mesuré la nature des polémiques tissées autour d'elle lorsque sa naïveté paysanne transformée en opportunisme mondain lui fait croire qu'elle est invincible.

Ce ne sera pas sans conséquence.

Éloignée de ses amitiés, ses amitiés se sont éloignées d'elle. Jean Cocteau, Salvador Dalí, Christian Bérard ont trouvé auprès de Christian Dior un nouveau faire-valoir pour leurs créations.

Inacceptable.

Le monde l'efface.

Perdante face à la société dont elle n'a jamais compris les règles, sinon celles immédiates qu'elle se donnait à elle-même ou qu'elle imposait aux autres comme des ordres, inadaptée au monde social, mais pas aux images souvent superficielles du monde, elle éprouve un sentiment d'inachèvement.

Construite par la folie des artistes dont elle a retenu le langage du temps, s'aimant comme une femme aime une femme, elle revient à Paris terminer son œuvre.

Elle rouvre sa maison de couture (1954).

2

De l'autre côté de la porte en miroir, après les images brouillées et les mots silencieux des années de guerre et d'occupation, Jean Cocteau s'assoit sur le canapé de daim beige du salon du 31 de la rue Cambon.

Son visage s'est allongé ; ses mains aussi.

Elle, elle porte un tailleur blanc.
Son maquillage est un peu outré.

Elle garde son chapeau.

Inclinés l'un vers l'autre, leur conversation complice, qui finalement ne s'est jamais interrompue, se poursuit naturellement.

Ils se retrouvent (1954).

Jean Cocteau est son frère, son jumeau.
Elle a veillé sur lui toute sa vie, de maison de santé en cures de désintoxication, de réconforts amoureux en succès artistiques grandioses.

Il est celui qui, plus que n'importe lequel de ses amis, donne les paroles qui offrent à son travail la reconnaissance qu'elle espère.

Les mots qu'ils échangent sont innombrables à travers lettres, messages et télégrammes.
Ils témoignent de l'affection de toute une vie.

C'est à elle qu'il s'est adressé pour les costumes de ses ballets et ses pièces de théâtre, c'est à lui que la presse internationale s'adresse pour célébrer le travail de Gabrielle Chanel comme une œuvre d'art.

Il écrit :
« Elle a, par une sorte de miracle, opéré dans la mode suivant les règles qui semblaient ne valoir que pour les peintres, les musiciens, les poètes. Elle imposait de l'invisible, elle imposait au tapage mondain la noblesse d'un silence. »
Jean Cocteau

Cette gémellité poétique, qui au-delà de cet « amour arrangé » fait de soutiens matériels et de complicités mondaines, nourrit le poète du langage innovant de la couture moderne et la couturière du vocabulaire de la modernité poétique, où Jean Cocteau, dans un incessant voyage à travers les avant-gardes de son siècle, entraîne son amie sur le terrain de ses découvertes.

Les miroirs de Jean Cocteau ont reconstruit ceux de la rue Cambon et la chambre numéro 19 violemment traversée dans le film *Le Sang d'un poète* est marquée au chiffre 19, jour de naissance de Gabrielle Chanel.

Fallait-il donc que le poète aille chercher si loin son amie protectrice, là où les mots n'existaient pas encore, pour nommer leur histoire ?

3

L'hommage c'est la copie.

Il écrit :

« Encore maintenant Coco Chanel se met à genoux par terre, avec des épingles dans la bouche, elle coupe elle-même, elle a permis à tous les grands magasins de copier ses modèles… »

Jean Cocteau

Elle insiste.

La copie est un hommage rendu à ses années de travail, pense-t-elle.

Personne ne s'en privera.

C'est aussi une façon de se multiplier elle-même, de s'étourdir de son image, bien sûr, mais aussi de partager.

Il y a ce paradoxe constant entre une chose et une autre, une attitude et une autre.

Comment créer un objet exceptionnel et toutefois unique, qui serait aussi à la portée de toutes les femmes ?

Les patrons vont se multiplier dans les revues de mode et les ateliers des couturières de province.

Tous les cols des vestes de tailleurs s'arrondissent, les boutons fleurissent, un liseré de ganse dessine les constructions. Les mousselines sont encore plus transparentes, les lamés scintillent.

Tous les sacs à main ont des chaînes.

Elle surmultiplie le désir.

4

Elle dit :

« La mode doit descendre dans la rue et ne pas rester l'apanage d'une classe privilégiée. »

Gabrielle Chanel

La porte du 31 de la rue Cambon s'ouvre.

Toutes les femmes descendent l'escalier.

À quelle hauteur place-t-elle cette mode pour la faire ainsi *descendre*, dans la rue, elle qui fuit les *vendettas* saisonnières et qui travaille pour de riches élégantes ?

À quel moment de son retour à Paris après treize ans d'absence se retourne-t-elle sur ce sentiment de privilège ?

Souvent l'enfance remonte plus haut que ses mains qui articulent un plissé à l'intérieur duquel va se cacher un secret, plus haut dans le temps qu'elle mesure d'un serrement de gorge.

Privilège.

Il écrit :

« Les créations de Chanel contestent l'idée même de mode. La mode (telle que nous la concevons aujourd'hui) repose sur un sentiment violent du temps. Chaque année, la mode détruit ce qu'elle vient d'adorer, elle adore ce qu'elle va détruire ; la mode vaincue de l'année passée pourrait adresser à la mode victorieuse de l'année présente ce mot inamical que les morts lèguent aux vivants et que l'on peut lire sur certaines tombes : "J'étais hier ce que tu es aujourd'hui, tu seras demain ce que je suis aujourd'hui." L'œuvre de Chanel ne participe pas ou participe peu à cette vendetta annuelle. »

Roland Barthes

Cheffe d'une armée de belles, elle imagine un monde de femmes en uniformes Chanel dont elle serait la maîtresse de leur allure.

Toutes pareilles.

Ce serait la punition à leur privilège.

Comme elle à Obazine.

Elle ne sait pas aujourd'hui percevoir la liberté d'une différence tant la sienne s'est répandue à travers le monde au point de parler « d'un Chanel » comme la parole générique dit « du Picasso » avec autant de flou à les représenter l'un comme l'autre ; indéfinissable, comme si le vocabulaire pour le dire n'existait pas encore.

Quelque chose commence à ne plus lui appartenir.

Descendre dans la rue.

Une parade de plus.

Alors les photographes vont prendre au mot son adage et les rues, les monuments de Paris vont accompagner les modèles en mouvement de la couturière provinciale.

Marches, courses, conduite de voiture, la rue se saisit des tailleurs, des robes, des chapeaux.

La photographie sort de l'image.

Si un maniérisme posé comme un mannequin de vitrine est encore de rigueur sur les photos des années soixante, la femme surpasse le vêtement, sans toutefois le faire oublier.

À Moscou, elles seront en nombre (1961).

Deux jours après le début de la construction du mur de Berlin, « L'Exposition française » est inaugurée à Moscou.

Elle crée les uniformes des cent trente hôtesses présentes dans l'exposition : tailleurs beiges gansés marine, beige et rouge, aux couleurs de l'oriflamme de CHANEL, déjà évoqué par les parfums « 1940 ».

Quelques années plus tard, elle répond à l'invitation des autorités soviétiques : présenter au Palais des Sports de Loujniki à Moscou sa collection haute couture automne-hiver (1967).

Il écrit :

« Ainsi, de toutes les modes, le style Chanel est peut-être, paradoxalement, le plus social, car ce qu'il combat, ce qu'il repousse, ce ne sont pas, comme on le croit, les provocations futuristes de la jeune couture, mais bien plus, plutôt les vulgarités du vêtement petit-bourgeois : c'est donc dans les sociétés affrontées à un besoin nouveau de promotion esthétique, à Moscou – où elle va –, que Chanel risque d'être le plus efficace. »

Roland Barthes

Ses modèles, devenus pour les femmes les objets de l'impossible, sortent pour la première fois des salons de la rue Cambon.

Accessibles aux regards de tous, ils vont tracer à leur créatrice un chemin de légende.

Il ne s'agit pas de les posséder mais de rêver à la beauté occidentale, comme à une œuvre d'art.

Elle dit :

« Je n'ai jamais eu qu'un seul but dans ma vie : faire descendre mes modèles dans la rue. Les voilà désormais sur la place Rouge, à Moscou. »

Gabrielle Chanel

Que comprend-elle de ces regards qui depuis les gradins du stade voient l'inaccessible défiler devant eux, sinon la grandeur de son talent ?

Comme souvent, grisée par l'inattendu, qu'elle ne sait pas déchiffrer, elle se laisse guider par son étoile, elle dissimule, se cache derrière un opportunisme vaniteux les raisons plus subtiles et plus secrètes d'un choix : accompagner sur la pelouse du stade moscovite le cortège de ses amis, Stravinsky, Diaghilev, Nijinski, Lifar, Iliazd, Survage, Mansuroff, dont elle a tissé, à travers les modèles qui défilent, leur retour dans leur Russie natale.

5

Habituée aux portraits de cour des photographes célèbres, elle s'est trompée de femme ce soir-là à la télévision.

Elle est en uniforme.
Blanc et noir.
Chapeautée.

Ses mots concassés s'égarent.
Ils se trompent d'époque.
Elle est dans l'errance d'un temps qu'elle ne connaît pas.
Elle a quatre-vingt-cinq ans.

Son présent s'est perdu.

Les mondanités surannées se sont mélangées aux vanités faciles des élégantes puissantes qu'elle habille.

Elle a les mots du siècle de ses vengeances.

Elle s'est éloignée des promesses de l'enfance.

Comment ne pas espérer un peu de nostalgie qui adoucirait la voix et donnerait des courbes à la géométrie excessive de ses gestes ?

Elle parle de la mode, et la mode ne va jamais plus loin que la mode.

La mode, c'est ce matériau transitoire et fugitif qu'elle a poussé dans ses vêtements pour s'en débarrasser.

Jean Cocteau le sait.

Il écrit :

« La mode meurt très jeune et cela l'éclaire d'une sorte de phosphorescence, d'une rougeur aux joues qui nous émeut. Elle est condamnée depuis sa naissance. Elle est presque morte avant de vivre. Elle doit jeter tout son bouquet d'un seul coup, sans reprises. Elle est insolente et touchante. »

Jean Cocteau

Elle oublie le style, ce qu'elle croyait immuable ; la mise en forme de ses pensées et de sa vie.

Elle a égaré les colères des avant-gardes.

Elle se faufile vers une sorte d'infini comme si sa liberté ne pouvait pas s'enrayer, comme si le monde des femmes qu'elle avait repeint à son image s'arrêterait là où l'uniforme guerrier chic, de tweed et de cuir matelassé enlacé de dorure était fixé.

Elle est déjà très loin.

Le trop de visible tue l'invisible qui commençait à construire le mythe.

Le danseur mondain qui fait office d'intervieweur devant les caméras de télévision lui aussi s'est trompé de monde depuis longtemps.

Miroir obséquieux de son interlocutrice, homme des modes, il ne sait pas lui proposer le demi-tour qu'elle ne saurait faire seule.

Foudroyée par l'image d'une époque qui n'est pas la sienne, elle, l'inactuelle, évadée de son propre monde le temps d'une séquence filmée, traverse le miroir ; celui qui ne réfléchit rien.

RÉFÉRENCES CITÉES

Page 27
« Des étoiles ! Des étoiles de toutes les dimensions pour étinceler dans les chevelures... »

Interview de Gabrielle Chanel, « Le luxe de Paris contre le chômage », *L'Intransigeant*, 26 octobre 1932.

Page 30
« C'est dans ce carré de ciel plus clair qu'on allumera les étoiles pour le feu d'artifice. »

Pierre Reverdy, *Étoiles peintes*, illustrations d'André Derain, Éditions du Sagittaire, 1921.

Page 56
« Si vous ouvriez aujourd'hui une histoire de notre littérature, vous devriez y trouver le nom d'un nouvel auteur classique : Coco Chanel. Chanel n'écrit pas avec du papier et de l'encre (sauf à ses moments perdus) mais avec de l'étoffe, des formes et des couleurs ; cela n'empêche pas qu'on lui prête communément l'autorité et le panache d'un écrivain du Grand Siècle, élégante comme Racine, janséniste comme Pascal (qu'elle cite) philosophe comme La Rochefoucauld (qu'elle imite en donnant elle aussi des maximes), sensible comme Madame de Sévigné... »

Roland Barthes, « Le match Chanel-Courrèges arbitré par un philosophe », *Marie Claire*, septembre 1967.

Page 59
« J'aime les vêtements comme les livres, pour les toucher, pour les tripoter. »

Gabrielle Chanel citée par Marcel Haedrich, *Coco Chanel*, Belfond, 1987.

Page 63
« Et puis c'est un rideau qui tombe et qui enveloppe toutes ces formes dans la nuit. »

Pierre Reverdy, *Étoiles peintes*, illustrations d'André Derain, Éditions du Sagittaire, 1921.

« Tous les mots que j'avais à dire se sont changés en étoiles... »

Guillaume Apollinaire, « Les fiançailles », in *Alcools*, Mercure de France, 1913.

Page 67
« Et l'on pourrait sans cesse, à son usage, citer la fameuse parole de Brummell devant qui un jeune homme louait son élégance aux courses d'Ascot : "Je ne pouvais pas être élégant, puisque vous m'avez remarqué." »

Jean Cocteau, « Le retour de Mademoiselle Chanel », *Le Nouveau Femina*, mars 1954.

Pages 78-79
« Que devait à cette ville, facétieuse comme un pensionnat à la veille des vacances, stricte comme un couvent et tout entière consacrée au culte de l'art équestre, que devait à Saumur Gabrielle Chanel ? Jamais elle ne nia qu'en sa folle jeunesse, sa seule, son exclusive passion avait été le cheval. Née en 1883, est-ce absurde de découvrir entre elle et la ville comme une complicité ? Est-ce hasard qu'elle y soit née en un temps où l'enseignement que l'on y pratiquait se réclamait du plein air autant que du manège, elle qui toute sa vie allait s'appliquer à faire triompher une sorte de liberté et très précisément un esprit de plein air qui sonnait le glas des falbalas. »

Edmonde Charles-Roux, *L'Irrégulière*, Grasset, 1974.

Page 91
« Pourquoi est-ce que tout ce que je fais devient byzantin ? »

Gabrielle Chanel citée par Marcel Haedrich, *Coco Chanel*, Belfond, 1987.

Page 110
« Je ne vais plus être celui qu'on attend que je sois. »

Référence au film publicitaire de Martin Scorsese (2010) pour le parfum « BLEU » de CHANEL dont l'égérie était Gaspard Ulliel.

Pages 113 et 114
« J'ai fait ma collection en pensant aux avions. »
« Y a-t-il des chichis dans la ligne d'un avion ? Non. »

Gabrielle Chanel citée par Claude Delay, *Chanel solitaire*, Gallimard, 1983.

Page 117

« Un film comme celui-là n'a pas besoin de robe ; un imperméable et un béret, voilà tout. »

Denise Tual, *Le Temps dévoré*, Fayard, 1980.

Page 121
Elle dit : « CHANEL. »

Extrait du film de Luchino Visconti, *Boccaccio 70*, 1962.

Page 123
« Pour nous le luxe suprême du voyage devient la distraction d'une heure. Pour nous le temps et l'espace s'abolissent. Nous visitons des contrées qui n'étaient dans notre esprit que des noms sonores. »

Gabrielle Chanel, « Le nouveau luxe », *La revue des sports et du monde – Matford*, n° 30, février-mars 1936.

Page 124
« Vous avez toujours les mêmes yeux absents, le même sourire, le même rire tout à coup, la même façon d'étendre le bras comme pour écarter quelqu'un, un enfant, une branche, et de ramener lentement la main vers le creux de votre épaule... et vous portez aussi le même parfum... »

Alain Robbe-Grillet, *L'Année dernière à Marienbad*, Éditions de Minuit, 1961.

Page 130
« J'ai vécu dans les escaliers. Au dernier des escaliers j'ai renâclé. J'étais seule. »

Gabrielle Chanel citée par Edmonde Charles-Roux, *L'Irrégulière*, Grasset, 1974.

Page 144
« À vingt ans à peine j'ai donc fondé une maison de couture. Ce ne fut ni la création d'une artiste comme il est devenu courant de le prétendre ni celle d'une femme d'affaires, mais l'œuvre d'un être qui ne cherchait que la liberté. »

Gabrielle Chanel citée par Paul Morand, *L'Allure de Chanel*, Hermann, 1977.

Page 145
« Il faut que j'invente quelque chose. Venez... »

Gabrielle Chanel citée par Françoise Giroud, « La femme de la semaine : Chanel », *L'Express*, 17 août 1956.

Page 154
« Ma très chère épouse (...) Ma coco, restons toujours l'un contre l'autre. L'un près de l'autre, aidons-nous et aimons-nous. J'ai revu mon film. II reste noble quel public ! On voit ce qui peut se passer dans les âmes à la lecture des poèmes. Je t'adore.
Ton Jean »

Lettre autographe de Jean Cocteau à Gabrielle Chanel, sans date, collection particulière.

« Misia, non pas telle que ses faibles Mémoires la recomposent, mais telle qu'elle exista : effervescente de joie ou de fureur, origi- nale et emprunteuse, récolteuse de génies, tous amoureux d'elle : Vuillard, Bonnard, Renoir, Stravinsky, Picasso... collectionneuse de cœurs et d'arbres Ming en quartz rose ; lançant ses lubies, deve- nues des modes aussitôt exploitées par les décorateurs, reprises par les journalistes, imitées des femmes du monde à tête vide. »

Paul Morand, *L'Allure de Chanel*, Hermann, 1977.

Page 155
« Qu'il était donc de bonne famille, mais qu'un mystère pesait sur sa naissance. Il ne figurait pas au *Who's Who*. II s'appelait Arthur Capel. On l'appelait Boy. Jamais il ne parlait de sa mère. Certains le disaient fils naturel d'un Français, mort peu de temps avant que Boy n'eût terminé ses études. Un nom était prononcé : il aurait été fils d'un Pereire. Bâtard de banquier... »

Edmonde Charles-Roux, *L'Irrégulière*, Grasset, 1974.

Pages 155-156

« Il n'y a pas de mots plus poétiques que d'autres. Car la poésie n'est pas plus dans les mots que dans le coucher du soleil ou l'épanouissement splendide de l'aurore – pas plus dans la tristesse que dans la joie. Elle est dans ce que deviennent les mots atteignant l'âme humaine, quand ils ont transformé le coucher du soleil ou l'aurore, la tristesse ou la joie. Elle est dans cette transmutation opérée sur les choses par la vertu des mots et les réactions qu'ils ont les uns sur les autres dans leurs arrangements – se répercutant dans l'esprit et sur la sensibilité. »

Pierre Reverdy, « Cette émotion appelée poésie », in *Sable mouvant*, Gallimard, coll. « Poésie », 2003.

Page 157

« Cocteau raconte un dîner inouï, avant-hier chez Cécile Sorel. Il y avait les Berthelot, Sert, Misia, Coco Chanel qui, décidément devient un personnage… »

Paul Morand, *L'Allure de Chanel*, Hermann, 1977.

Page 158

« Elle me parut, douée d'une grâce infinie, et, comme au moment de partir, je la félicitais d'un très beau manteau de velours rouge bordé de fourrure qu'elle était sur le point de revêtir, elle le quitta aussitôt, pour me le mettre sur les épaules, disant avec une charmante spontanéité qu'elle était trop heureuse de m'en faire cadeau. Je ne voulus évidemment pas l'accepter. Mais le geste avait été si joli que je la trouvais définitivement ensorcelante et ne pensai plus qu'à elle. »

Misia Sert, *Misia*, Gallimard, 1952.

« Je n'ai eu qu'elle comme amie. Nous n'aimons les gens que pour leurs défauts : Misia m'a donné d'amples et nombreuses raisons de l'aimer. Misia ne s'attache qu'à ce qu'elle ne comprend pas ; or, elle comprend presque tout. Moi je suis restée un mystère pour elle ; d'où une fidélité toujours démentie, mais qui, après des écarts, revient à sa constante. »

Gabrielle Chanel citée par Paul Morand, *L'Allure de Chanel*, Hermann, 1977.

Page 159

« Encore une fois, comme je l'ai fait si souvent, je la prie : Misia, montre tes jambes ! Elle soulève sa jupe sur les plus belles colonnes qui aient jamais porté le poids d'un torse de femme, nous les laisse admirer un instant, puis s'en va jouer du piano debout. »

Colette, *Journal intermittent*, Éditions du Fleuron, 1941.

Page 160
« Laisse donc ces Botticelli ; ces Vinci ; c'est infect, quelles ordures ! Allons acheter des coraux pour faire des arbres chinois... »

Misia Sert citée par Paul Morand, *L'Allure de Chanel*, Hermann, 1977.

Page 164
« Rien ne vaut d'être dit en poésie que l'indicible, c'est pourquoi l'on compte beaucoup sur ce qui se passe entre les lignes. »

Pierre Reverdy, *Le Livre de mon bord*, Mercure de France, 1948.

« Des lignes, rien que des lignes, pour la commodité des bâtisses humaines. »

Pierre Reverdy, « Traits et figures », in *Poèmes en prose*, 1915.

Page 165
« Est-ce qu'il y a des noms qui portent bonheur ? Deschanel, Chenal, Chanel (canal, chenal, cannelle...). »
« J'aime cette belle Chanel qui te donne des maisons au bord du Nil. »

Lettre autographe de Max Jacob à Jean Cocteau, 10 juillet 1926, collection Bibliothèque historique de la Ville de Paris.

Page 166
« Coco chérie, je viens de voir Dalí et nous avons parlé de toi tendrement. Je te souhaite toutes les chances. Ce qui est ridicule puisque tu es La chance. »

Lettre autographe de Jean Cocteau à Gabrielle Chanel, New York, 30 décembre 1948, Collection Patrimoine Chanel, Paris.

Page 168
« La vie des fleurs, des arbres, de l'herbe me ressuscite. J'avais oublié les grenouilles, etc. Si tu téléphones à Coco, dis-lui bien que sa bonté me sauve encore et que Roquebrune prolonge le travail des St Cloud. Pourvu qu'elle

n'abandonne pas sa villa ! je retomberais à l'eau. Mille ouvriers bâtissent dans les roses. Je t'embrasse. Jean »

Jean Cocteau, *Lettres à sa mère, vol. II., 1919-1938*, texte de Jean Touzot avec le concours de Pierre Chanel, Gallimard, 2007.

Page 181
« Aux courses, Mademoiselle Chanel porte la gabardine d'un étudiant anglais ; à l'Opéra, un gilet jusqu'à la taille et une jupe courte qui n'entrave pas ses mouvements et met en valeur son allure athlétique, jeune et racée. »

Jean Cocteau, « Quatre stations d'élégance » 9 feuillets autographes, 1937, collection Patrimoine Chanel, Paris.

Page 186
« Si chaque visage humain porte la ressemblance d'une bête à bec, à museau, à naseaux, à mufle, à trompe, à crinière, Mlle Chanel est un petit taureau noir. »

Colette, « Chanel par Colette », magazine *Bravo*, avril 1930.

Page 187
« On est heureux de voir avancer sur les marécages où notre prestige stagnait un peu, la merveilleuse petite tête de cygne noir d'une personne qui, autant que les poètes, dédaigne la frivolité et la fantaisie. »

Jean Cocteau, « Le retour de Mademoiselle Chanel », *Le Nouveau Femina*, mars 1954.

Page 189
« Le corps de la marinière devra compter 21 rayures blanches, chacune deux fois plus large que les 21 rayures bleu indigo larges de dix millimètres, espacées de vingt millimètres et sur les manches, quatorze rayures bleues espacées de vingt millimètres. »

Bénédicte Lutaud « La vraie histoire de la marinière [archive] », caminteresse.fr, 8 janvier 2013.

Page 203
« Mais ici comme ailleurs je le sais la beauté
N'est la plupart du temps que la simplicité. »

« Je n'oublierai jamais ce voyage nocturne où nul de nous ne dit un mot... » (1913).

Guillaume Apollinaire, « Chant de l'honneur », in *Calligrammes. Poèmes de la paix et de la guerre (1913-1916)*, Mercure de France, 1918.

Page 204
« Il se dirigeait vers Paris. Il quittait Deauville, cette Pompéi où, dans la rue Gontaut-Biron, Gabrielle Chanel demeurait accrochée à sa boutique comme une naufragée à une bouée. »

Lettre de Léon Bailby à Guillaume Apollinaire du 5 mars 1914, Paris, archives Guillaume Apollinaire, collection particulière.

Page 206
« Une robe du soir, c'est ce qu'il y a de plus facile. Le jersey, c'est autre chose ! Une belle étoffe, c'est beau en soi, mais plus une robe est riche, plus elle devient pauvre. »

Gabrielle Chanel citée par Paul Morand, *L'Allure de Chanel*, Hermann, 1947.

Page 208
Elle dit : « Vous avez des chambres ? »

Référence au film de Claude Lelouch, *Un homme et une femme*, 1966.

Page 211
« ... J'aime que Catherine de Médicis ait poussé le souci de régner en femme, avec des armes de femme, jusqu'au point de constituer autour d'elle cet escadron volant de belles filles dont le moins qu'on puisse dire c'est qu'elles savaient admirablement, pour des fins diplomatiques, se servir d'armes naturelles que de tout temps les femmes prodiguèrent à l'aveuglette comme la fortune et comme l'amour. »

Gabrielle Chanel, *La revue des sports et du monde*, n° 32, juin 1936.

Page 213
« Tout Occidental doit avoir succombé au "charme slave" pour savoir ce que c'est. Tous les Slaves sont distingués, naturels, et les plus humbles ne sont jamais communs. »

Gabrielle Chanel citée par Paul Morand, *L'Allure de Chanel*, Hermann, 1977.

« Ce sont les Russes qui ont appris aux femmes qu'il n'est pas déshonorant de travailler. Mes grandes duchesses faisaient du tricotage. »

Gabrielle Chanel citée par Claude Delay, *Chanel solitaire*, Gallimard, 1983.

Page 214
« Il me faut beaucoup de courage pour accepter l'idée de me séparer de vous après tant d'années de collaboration étroite et permanente pendant lesquelles j'ai apprécié tout votre génie. Et je vous exprime tous mes remerciements d'avoir bien voulu reconnaître la valeur de mon travail et de mon dévouement au cours de cette collaboration, et croyez que le bon souvenir de cette collaboration sera le plus durable. »

Brouillon de lettre tapuscrit d'Elie Zdanévitch dit Iliazd à Gabrielle Chanel, décembre 1933, collection Fonds Iliazd-Mairé

Page 216
« Il y a chez tout Auvergnat un Oriental qui s'ignore : les Russes me révélaient l'Orient. »

Gabrielle Chanel citée par Paul Morand, *L'Allure de Chanel*, Hermann, 1977.

Page 219
« Un monde finissait, un autre allait naître. Je me trouvais là ; une chance s'offrait, je la pris. J'avais l'âge de ce siècle nouveau : c'est donc à moi qu'il s'adressa pour son expression vestimentaire. »

Gabrielle Chanel citée par Paul Morand, *L'Allure de Chanel*, Hermann, 1977.

Page 220
« ... Je veux être de ce qui va arriver. »

Gabrielle Chanel citée par Paul Morand, *L'Allure de Chanel*, Hermann, 1977.

Pages 221-222
« J'ai vu Ambroise Vollard et Rosenberg tourner autour du trésor qui fabriquait des trésors. J'ai vu Cocteau dans le pas de la séduction, Dada flirter, les surréalistes l'encenser. J'ai vu les Modigliani et les Juan Gris disparaître, et Picasso demeurer. Apollinaire disait de lui que son rythme

intérieur a la monotonie du rythme arabe. Les siècles passent, les civilisations s'effondrent, Allah reste grand et Picasso est son prophète. C'est aussi un démon. Il reviendra troubler des générations de jeunes peintres dans les tables tournantes. Quand il sera au Louvre, ses guitares effraieront, la nuit, le pompier de service et ses statues iront dans l'obscurité se promener toutes seules, en dépit des rondes, à l'étage des Égyptiens. »

Gabrielle Chanel citée par Paul Morand, *L'Allure de Chanel*, Hermann, 1977.

Page 223
« Ce sont les artistes qui m'ont appris la rigueur. »

Gabrielle Chanel citée par Madeleine Chapsal, « Chanel au travail », *L'Express*, 11 août 1960.

Page 224
« Partout, derrière ce qui pense et ce qui s'exprime, on la trouve dans une ombre modeste. Son amitié pour Picasso, pour Dalí, pour Stravinsky, pour Reverdy, pour moi-même, prime en quelque sorte l'extraordinaire bonne fortune de son règne sur la couture. »

Jean Cocteau cité dans « Cocteau et la mode », *Cahiers Jean Cocteau, nouvelle série*, n° 3, p. 131.

Page 226
« Non, non ce n'est pas qu'il soit indifférent, ce messager de nacre, cet avant-courrier de l'Aurore, disons plutôt qu'il balance entre l'essor et la marche, et ce n'est pas que déjà il danse, mais l'un de ses bras, étendu et l'autre avec ampleur déployant l'aile lyrique, il suspend un équilibre dont le poids, plus qu'à demi conjuré, ne forme que le moindre élément. Il est en position de départ et d'entrée, il écoute, il attend le moment juste, il le cherche dans nos yeux, de la pointe frémissante de ses doigts, à l'extrémité de ce bras étendu il compte, et l'autre bras volatil avec l'ample cape se prépare à seconder le jarret. Moitié faon et moitié oiseau, moitié sensibilité et moitié discours, moitié aplomb et moitié déjà la détente ! »

Paul Claudel, *L'Œil écoute* », Gallimard, 1946.

Page 229
« On devine qu'une femme chez qui de telles maximes sont incessantes et qui possède une si profonde clairvoyance, apporte davantage que de

simples secrets de beauté, que ses secrets de beauté visent plus loin et qu'elle conseillera plutôt à l'élégance de garder sa ligne morale que de soigner sa ligne dans le sens ou les femmes l'entendent d'habitude. »

Jean Cocteau, « Le retour de Mademoiselle Chanel », *Le Nouveau Femina*, mars 1954.

Page 231
« C'est grâce au faste visible qu'elle a aidé le faste secret des artistes. C'est, sans jamais qu'on le dise et sans vouloir qu'on en parle, qu'elle a été la compagne de toutes nos recherches. Sans elle, jamais Serge de Diaghilev n'aurait pu soutenir la reprise du *Sacre du printemps* de Stravinsky, sans elle, Picasso, Satie et moi n'eussions jamais assisté au triomphe de *Parade*. »

Jean Cocteau, « Le retour de Mademoiselle Chanel », *Le Nouveau Femina*, mars 1954.

Page 233
« Peut-être mon expérience est-elle un moyen de faire vivre les vieux chefs-d'œuvre. À force d'y habiter, nous les contemplons distraitement mais parce que je survole un texte célèbre, chacun croit l'entendre pour la première fois. »

Jean Cocteau à propos d'*Antigone* de Sophocle, 1922.

Page 235
« Je me disais que la femme que je voyais de loin marcher, ouvrir son ombrelle, traverser la rue, était, de l'avis des connaisseurs, la plus grande artiste actuelle dans l'art d'accomplir ces mouvements et d'en faire quelque chose de délicieux. »

Marcel Proust, « Du côté de Guermantes », *À la recherche du temps perdu*, Gallimard, 1920.

Page 237
« C'est un métier, ce n'est pas un art. »

Gabrielle Chanel citée par Pierre Galante, *Les Années Chanel*, Mercure de France, 1972.

Page 243
« Les grandes eaux ne peuvent éteindre l'amour. Et les fleuves ne le submergeraient pas. »

Cantique des Cantiques, 8:7.

Page 245
« Je veux (...) un parfum artificiel, je dis bien artificiel comme une robe, c'est-à-dire fabriqué. Je suis un artisan de la couture. »

Gabrielle Chanel citée par Pierre Galante, *Les Années Chanel*, Mercure de France, 1972.

Page 246
« Et s'il a la fraîcheur d'un jardin, rien ne peut faire que ce jardin n'ait une senteur inconnue. »

Edmonde Charles-Roux, *L'Irrégulière*, Grasset, 1974.

Page 247
« À Garches où j'habitai l'hiver 1920-1921, je terminai ces symphonies. Parallèlement, je composai un recueil de petites pièces pour enfants publié sous le titre *Les Cinq Doigts*. Ce sont huit mélodies très faciles où les cinq doigts de la main droite, une fois posés sur les touches, ne se déplacent plus durant une période ou une pièce entière, tandis que la main gauche destinée à accompagner la mélodie exécute un dessin soit harmonique, soit contrapuntique de la plus grande simplicité. »

Igor Stravinsky, *Chroniques de ma vie*, Denoël, 1971.

Page 248
« — Alors promettez-moi, une seule chose, et je m'en vais... promettez-moi qu'avant de partir pour Trieste vous me téléphonerez... Ségur 55-55... c'est facile. »

Paul Morand, *Lewis et Irène*, Grasset, 1924.

Page 259
« Je vais les foutre toutes en noir. »

Gabrielle Chanel citée par Paul Morand, *L'Allure de Chanel*, Hermann, 1977.

« Sem m'a dit, à propos de bijoux que j'avais dessinés : "Enfin, on imite le faux." Comme il a bien dit. Impossible de porter beaucoup de bijoux vrais, s'il n'y a pas de femmes qui en portent beaucoup de faux. »

Gabrielle Chanel, album du *Figaro*, décembre 1950.

Page 261
« Des années ont passé, et seulement aujourd'hui je comprends que l'austérité des teintes sombres, le respect des couleurs empruntées à la nature ambiante, la coupe presque monacale de mes vêtements d'été en alpaga, de mes habits d'hiver en cheviotte, que tout ce puritanisme dont les élégantes allaient raffoler, venait du Mont-Dore... »

Gabrielle Chanel citée par Paul Morand, *L'Allure de Chanel*, Hermann, 1977.

Page 265
« Toujours enlever, jamais remettre. »

Gabrielle Chanel citée par Françoise Giroud, « La femme de la semaine : Chanel », *L'Express*, 17 août 1956.

Page 266
« Mon époque m'attendait, je n'ai eu qu'à venir, elle était prête. »

Gabrielle Chanel citée par Claude Delay, *Chanel solitaire*, Gallimard, 1983.

Page 273
« Chanel travaille toujours le même modèle qu'elle ne fait que "varier", d'année en année, comme on "varie" un thème en musique... »

Roland Barthes, « Le match Chanel-Courrèges arbitré par un philosophe », *Marie Claire*, septembre 1967.

Page 274
« Croyez-moi, je connais les femmes, donnez-leur des chaînes, les femmes adorent les chaînes. »

Gabrielle Chanel citée par Claude Delay, *Chanel solitaire*, Gallimard, 1983.

Page 280
« Je crois à la quatrième dimension, et à une cinquième... »

Gabrielle Chanel citée par Marcel Haedrich, *Coco Chanel*, Belfond, 1987.

Page 286
« La mode, c'est de l'architecture. »

Gabrielle Chanel citée par Marcel Haedrich, *Coco Chanel*, Belfond, 1987.

Pages 289-290
« Cette voix torrentueuse, roulant de la lave, ces mots qui crépitaient comme des sarments secs, ses répliques, happant et croquant du même bec, un ton de plus en plus péremptoire à mesure que l'âge la faisait fléchir, un ton toujours plus révoquant, toujours plus infirmant, des condamnations sans appel, je les entendis, des soirées entières, dans cet hôtel de Saint-Moritz où je la retrouvai, pendant l'hiver 1946, chômeuse, désœuvrée pour la première fois, rongeant son mors. Elle s'était exilée volontairement en Engadine, hésitant à reprendre la rue Cambon, attendant un retour de fortune. Elle se sentait rattrapée par le passé, saisie par le temps retrouvé, Guermantes de la couture, Verdurin d'un âge soudain inconnu d'elle, l'époque de Gaulle, et l'atrabile lui sortait par des yeux restés étincelants, sous l'arc des sourcils de plus en plus accusés au crayon gras, comme des arceaux de basalte ; Chanel, volcan d'Auvergne que Paris avait tort de croire éteint. »

Paul Morand, *L'Allure de Chanel*, Hermann, 1977.

Page 294
« Elle a, par une sorte de miracle, opéré dans la mode suivant les règles qui semblaient ne valoir que pour les peintres, les musiciens, les poètes. Elle imposait de l'invisible, elle imposait au tapage mondain la noblesse d'un silence. »

Jean Cocteau, « Le retour de Mademoiselle Chanel », *Le Nouveau Femina*, mars 1954.

Page 295
« Encore maintenant Coco Chanel se met à genoux par terre, avec des épingles dans la bouche, elle coupe elle-même, elle a permis à tous les grands magasins de copier ses modèles... »

Jean Cocteau, « Le retour de Mademoiselle Chanel », *Le Nouveau Femina*, mars 1954.

Page 297
« La mode doit descendre dans la rue et ne pas rester l'apanage d'une classe privilégiée. »

Gabrielle Chanel, *Les Années Chanel*, Mercure de France, 1972.

« Les créations de Chanel contestent l'idée même de mode. La mode (telle que nous la concevons aujourd'hui) repose sur un sentiment violent du temps. Chaque année, la mode détruit ce qu'elle vient d'adorer, elle adore ce qu'elle va détruire ; la mode vaincue de l'année passée pourrait adresser à la mode victorieuse de l'année présente ce mot inamical que les morts lèguent aux vivants et que l'on peut lire sur certaines tombes : "j'étais hier ce que tu es aujourd'hui, tu seras demain ce que je suis aujourd'hui." L'œuvre de Chanel ne participe pas ou participe peu à cette vendetta annuelle. »

Roland Barthes, « Le match Chanel-Courrèges arbitré par un philosophe », *Marie Claire*, septembre 1967.

Page 299
« Ainsi, de toutes les modes, le style Chanel est peut-être, paradoxalement, le plus social, car ce qu'il combat, ce qu'il repousse, ce ne sont pas, comme on le croit, les provocations futuristes de la jeune couture, mais bien plus, plutôt les vulgarités du vêtement petit-bourgeois : c'est donc dans les sociétés affrontées à un besoin nouveau de promotion esthétique, à Moscou – où elle va –, que Chanel risque d'être le plus efficace. »

Roland Barthes, « Le match Chanel-Courrèges arbitré par un philosophe », *Marie Claire*, septembre 1967.

« Je n'ai jamais eu qu'un seul but dans ma vie : faire descendre mes modèles dans la rue. Les voilà désormais sur la place Rouge, à Moscou. »

Gabrielle Chanel citée par Pierre Galante, *Les Années Chanel*, Mercure de France, 1972.

Page 302
« La mode meurt très jeune et cela l'éclaire d'une sorte de phosphorescence, d'une rougeur aux joues qui nous émeut. Elle est condamnée depuis sa naissance. Elle est presque morte avant de vivre. Elle doit jeter tout son bouquet d'un seul coup, sans reprises. Elle est insolente et touchante. »

Jean Cocteau, « Morale de la mode », six feuillets autographes, 1950, collection Patrimoine Chanel, Paris.

TABLE

Dans la même collection

Ouvrages parus

Mohammed Aïssaoui
Dictionnaire amoureux d'Albert Camus

Philippe Alexandre
Dictionnaire amoureux de la politique

Albert Algoud
Dictionnaire amoureux de Tintin

Claude Allègre
Dictionnaire amoureux de la science

Metin Arditi
Dictionnaire amoureux de la Suisse
Dictionnaire amoureux de l'esprit français
Dictionnaire amoureux d'Istanbul

Pierre Assouline
Dictionnaire amoureux des écrivains et de la littérature
Dictionnaire amoureux des livres et de la lecture

Jacques Attali
Dictionnaire amoureux du judaïsme

Alain Baraton
Dictionnaire amoureux des jardins
Dictionnaire amoureux des arbres

Christophe Barbier
Dictionnaire amoureux du théâtre

Jean-Baptiste Baronian
Dictionnaire amoureux de la Belgique

Alain Bauer
Dictionnaire amoureux de la franc-maçonnerie
Dictionnaire amoureux du crime

Anne-Laure Béatrix
Dictionnaire amoureux des musées

Jean-Louis Beaucarnot
Dictionnaire amoureux de la généalogie

Frédéric Beigbeder
Dictionnaire amoureux des écrivains français d'aujourd'hui

Olivier Bellamy
Dictionnaire amoureux du piano
Dictionnaire amoureux de Chopin

Tahar Ben Jelloun
Dictionnaire amoureux du Maroc

Yves Berger
Dictionnaire amoureux de l'Amérique (épuisé)

Laurent Binet et Antoine Benneteau
Dictionnaire amoureux du tennis

Adam Biro
Dictionnaire amoureux de l'humour juif

Patrice Blanc-Francard
Dictionnaire amoureux du jazz

Denise Bombardier
Dictionnaire amoureux du Québec

Allain Bougrain Dubourg
Dictionnaire amoureux des oiseaux
Dictionnaire amoureux de la vie sauvage

Éric Bouhier
Dictionnaire amoureux de San-Antonio

Hervé Bourges
Dictionnaire amoureux de l'Afrique

Jean-Claude Carrière
Dictionnaire amoureux de l'Inde
Dictionnaire amoureux du Mexique

Jean des Cars
Dictionnaire amoureux des trains
Dictionnaire amoureux des monarchies

Michel del Castillo
Dictionnaire amoureux de l'Espagne

Antoine de Caunes
Dictionnaire amoureux du rock

Patrick Cauvin
Dictionnaire amoureux des héros (épuisé)

Jacques Chancel
Dictionnaire amoureux de la télévision

Malek Chebel
Dictionnaire amoureux de l'Algérie
Dictionnaire amoureux de l'islam
Dictionnaire amoureux des Mille et Une Nuits

Jean-Loup Chiflet
Dictionnaire amoureux de l'humour
Dictionnaire amoureux de la langue française
Dictionnaire amoureux de la retraite heureuse

Catherine Clément
Dictionnaire amoureux des dieux et des déesses

Richard Collasse
Dictionnaire amoureux du Japon

André Comte-Sponville
Dictionnaire amoureux de Montaigne

Gérard de Cortanze
Dictionnaire amoureux des Sixties

Bruno Corty
Dictionnaire amoureux de la littérature américaine

Xavier Darcos
Dictionnaire amoureux de la Rome antique
Dictionnaire amoureux de l'école

Bernard Debré
Dictionnaire amoureux de la médecine

Jean-Louis Debré
Dictionnaire amoureux de la République

Alain Decaux
Dictionnaire amoureux d'Alexandre Dumas

Didier Decoin
Dictionnaire amoureux de la Bible
Dictionnaire amoureux des faits divers

André Deledicq et Mickaël Launay
Dictionnaire amoureux des mathématiques

Jean François Deniau
Dictionnaire amoureux de la mer et de l'aventure

Rokhaya Diallo
Dictionnaire amoureux du féminisme

Bertrand Dicale
Dictionnaire amoureux de la chanson française

Alain Duault
Dictionnaire amoureux de l'opéra

Alain Ducasse
Dictionnaire amoureux de la cuisine

Vincent Duluc
Dictionnaire amoureux de la Coupe du monde

Benoît Duteurtre
Dictionnaire amoureux de la Belle Époque et des Années folles

Jean-Paul et Raphaël Enthoven
Dictionnaire amoureux de Marcel Proust

Nicolas d'Estienne d'Orves
Dictionnaire amoureux de Paris
Dictionnaire amoureux du mauvais goût

Vladimir Fédorovski
Dictionnaire amoureux de Saint-Pétersbourg

Dominique Fernandez
Dictionnaire amoureux de la Russie
Dictionnaire amoureux de l'Italie
(deux volumes sous coffret)
Dictionnaire amoureux de Stendhal

Franck Ferrand
Dictionnaire amoureux de Versailles

Luc Ferry
Dictionnaire amoureux de la philosophie

Élisabeth de Feydeau
Dictionnaire amoureux du parfum

Éric Fottorino
Dictionnaire amoureux du vélo

Jean-Louis Fournier
Dictionnaire amoureux du Nord

Patrice Franceschi
Dictionnaire amoureux de la Corse

José Frèches
Dictionnaire amoureux de la Chine

Jean-Louis Froment
Dictionnaire amoureux de Gabrielle Chanel

Max GALLO
Dictionnaire amoureux de l'histoire de France

Alain GARDINIER
Dictionnaire amoureux du Pays basque

Adrien GOETZ
Dictionnaire amoureux de la Toscane

Jean-Marie GOURIO
Dictionnaire amoureux des cafés

René GUITTON
Dictionnaire amoureux de l'Orient

Claude HAGÈGE
Dictionnaire amoureux des langues

Hervé HAMON
Dictionnaire amoureux des îles
Dictionnaire amoureux du plaisir

Marie DE HENNEZEL
Dictionnaire amoureux de la solitude

Daniel HERRERO
Dictionnaire amoureux du rugby
Dictionnaire amoureux du rugby des temps modernes
Dictionnaire amoureux de l'Ovalie

HOMERIC
Dictionnaire amoureux du cheval

Francis HUSTER
Dictionnaire amoureux de Molière

Gilles JACOB
Dictionnaire amoureux du Festival de Cannes

Régis JAUFFRET
Dictionnaire amoureux de Flaubert

Vincent JAUVERT
Dictionnaire amoureux de l'espionnage

Daniel JOUANNEAU
Dictionnaire amoureux de la diplomatie

Serge JULY
Dictionnaire amoureux du journalisme
Dictionnaire amoureux de New York

Alain Juppé
Dictionnaire amoureux de Bordeaux

Josée Kamoun
Dictionnaire amoureux de la traduction

Christian Laborde
Dictionnaire amoureux du Tour de France

Jacques Lacarrière
Dictionnaire amoureux de la Grèce
Dictionnaire amoureux de la mythologie (épuisé)

André-Jean Lafaurie
Dictionnaire amoureux du golf

Pierre et Olivier de Lagarde
Dictionnaire amoureux du patrimoine

Mathieu Laine
Dictionnaire amoureux de la liberté

Jack Lang
Dictionnaire amoureux de François Mitterrand

Frank Lanoux
(sous la direction de)
Dictionnaire amoureux de la radio

Gilles Lapouge
Dictionnaire amoureux du Brésil

François Laroque
Dictionnaire amoureux de Shakespeare

Michel Le Bris
Dictionnaire amoureux des explorateurs

Nicole Le Douarin
Dictionnaire amoureux de la vie

Bernard Lecomte
Dictionnaire amoureux des papes

Anne Lehoërff
Dictionnaire amoureux de l'archéologie

Jean-Yves Leloup
Dictionnaire amoureux de Jérusalem

Pierre Lemaitre
Dictionnaire amoureux du polar

Évelyne Lever
Dictionnaire amoureux des reines

Mathilde Levesque
Dictionnaire amoureux de l'éloquence

Paul Lombard
Dictionnaire amoureux de Marseille

André Markowicz
Dictionnaire amoureux de Pouchkine

Peter Mayle
Dictionnaire amoureux de la Provence

Luca de Meo
Dictionnaire amoureux de l'automobile

Michel Meyer
Dictionnaire amoureux de l'Allemagne

Christian Millau
Dictionnaire amoureux de la gastronomie

Richard Millet
Dictionnaire amoureux de la Méditerranée

Alain Minc
Dictionnaire amoureux du pouvoir

François et Valentin Morel
Dictionnaire amoureux de l'amitié
Dictionnaire amoureux de l'inutile

Pierre Nahon
Dictionnaire amoureux de l'art moderne et contemporain

Alexandre Najjar
Dictionnaire amoureux du Liban

Henri Pena-Ruiz
Dictionnaire amoureux de la laïcité

Gilles Perrault
Dictionnaire amoureux de la Résistance

Jean-Christian Petitfils
Dictionnaire amoureux de Jésus

Loïck Peyron
Dictionnaire amoureux de la voile

Jean-Robert Pitte
Dictionnaire amoureux de la Bourgogne

Bernard Pivot
Dictionnaire amoureux du vin

Pauline de Préval
Dictionnaire amoureux des cathédrales

Gilles Pudlowski
Dictionnaire amoureux de l'Alsace

Yann Queffélec
Dictionnaire amoureux de la Bretagne
Dictionnaire amoureux de la mer

Christiane Rancé
Dictionnaire amoureux des saints

Alain Rey
Dictionnaire amoureux des dictionnaires
Dictionnaire amoureux du diable

François Rollin
Dictionnaire amoureux de la bêtise

Pierre Rosenberg
Dictionnaire amoureux du Louvre

Jean-Marie Rouart
Dictionnaire amoureux de Jean d'Ormesson

Élisabeth Roudinesco
Dictionnaire amoureux de la psychanalyse

Marcel Rufo
Dictionnaire amoureux de l'enfance et de l'adolescence

Ève Ruggieri
Dictionnaire amoureux de Mozart

Danièle Sallenave
Dictionnaire amoureux de la Loire

Elias Sanbar
Dictionnaire amoureux de la Palestine

Jérôme Savary
Dictionnaire amoureux du spectacle (épuisé)

Jean-Noël Schifano
Dictionnaire amoureux de Naples

Alain SCHIFRES
Dictionnaire amoureux des menus plaisirs (épuisé)
Dictionnaire amoureux du bonheur

Robert SOLÉ
Dictionnaire amoureux de l'Égypte

Philippe SOLLERS
Dictionnaire amoureux de Venise

Sébastien SPITZER
Dictionnaire amoureux de Victor Hugo

Michel TAURIAC
Dictionnaire amoureux de De Gaulle

Frédéric THIRIEZ
Dictionnaire amoureux de la montagne

Bernard THOMASSON
Dictionnaire amoureux de la Maison de la radio et de la musique

Trinh Xuan THUAN
Dictionnaire amoureux du ciel et des étoiles

Denis TILLINAC
Dictionnaire amoureux de la France
Dictionnaire amoureux du catholicisme
Dictionnaire amoureux du Général

André TUBEUF
Dictionnaire amoureux de la musique

Jean TULARD
Dictionnaire amoureux du cinéma
Dictionnaire amoureux de Napoléon

Mario VARGAS LLOSA
Dictionnaire amoureux de l'Amérique latine

Hubert VÉDRINE
Dictionnaire amoureux de la géopolitique
Nouveau Dictionnaire amoureux de la géopolitique

Dominique VENNER
Dictionnaire amoureux de la chasse

Jacques VERGÈS
Dictionnaire amoureux de la justice

Pascal VERNUS
Dictionnaire amoureux de l'Égypte pharaonique

Frédéric Vitoux
Dictionnaire amoureux des chats

Olivier Weber
Dictionnaire amoureux de Joseph Kessel
Dictionnaire amoureux de l'aventure

Jean-Michel Wilmotte
Dictionnaire amoureux de l'architecture

Denis Zervudacki
(sous la direction de)
Dictionnaire amoureux de l'entreprise et des entrepreneurs

À paraître

Ingrid Astier et François-Xavier Delmas
Dictionnaire amoureux du thé

Pierre Hermé
Dictionnaire amoureux de la pâtisserie

N° d'édition P32288/01
Achevé d'imprimer en octobre 2025
par Normandie Roto Impression s.a.s.
61250 Lonrai
N° d'impression : 2504600
Imprimé en France